Andy Butcher

STRASSENKINDER – STUMMER SCHREI DER VERGESSENEN

Andy Butcher

Straßenkinder – stummer Schrei der Vergessenen

Das unerreichte 100-Millionen-Volk

Projektion J Buch- und Musikverlag GmbH, Wiesbaden

Titel der Originalausgabe:
Street Children

Published by Nelson Word Ltd.,
Milton Keynes, England

Rheingaustraße 132, D-65203 Wiesbaden

ISBN 3-89490-148-9

Übersetzung: Beate Sohl
Umschlaggestaltung: Petra Louis
Satz: Projektion J Buch- und Musikverlag GmbH
Druck: Schönbach Druck GmbH, 64390 Erzhausen

Alle Bibelstellen wurden der Einheitsübersetzung entnommen.

1 2 3 4 99 98 97 96

WIDMUNG

Für Matthew, Samuel, Hannah und Daniel

Ihr sollt euch immer sicher sein, daß ihr ein
doppeltes Erbe habt, das euch »rechtmäßig zusteht«:
Euch gehört die Liebe und Geborgenheit
von einem zweifachen Zuhause – einmal von
dem unvollkommenen irdischen Elternhaus
und zusätzlich von dem ewigen und
vollkommenen Vaterhaus bei Gott.

INHALT

VORWORT
von Walter Heidenreich

Als ich im Sommer 1996 in der Mongolei und in Albanien evangelisiert habe, sind sie mir wieder einmal ganz besonders aufgefallen: die Kinder! Dichtgedrängt standen sie in den vordersten Reihen, um der Botschaft von der Liebe Gottes, die ja auch ganz besonders ihnen gilt, zu lauschen und dann ganz hingegeben darauf zu reagieren. Kinder ohne Eltern, schmutzige, hungrige, kriminelle und neugierige kleine »Rotznasen«.

Noch niemals zuvor war unsere Weltbevölkerung so jung und noch nie so kaputt wie in unserer Zeit. Und noch niemals zuvor flossen so viele notvolle Kindertränen wie heute. Dabei haben diese leidgeplagten Kinder noch »Glück«, denn unzählige Ungeborene dürfen erst gar nicht das Licht der Welt erblicken und werden direkt im Mutterleib umgebracht.

Vor einigen Monaten legte die UNICEF auf einer Konferenz in Paris das weltweite, unbeschreibliche Leiden der Kinder in erdrückenden und erschütternden Zahlen auf den Tisch. Niemand kann heute mehr sagen, er hätte von all dem nichts gewußt. Und so ist vor allem die Gemeinde Jesu mehr denn je herausgefordert, jetzt und direkt zu handeln.

Es braucht Männer, Frauen und junge Menschen, die von der Liebe Gottes erfüllt sind und denen es deshalb nicht länger egal ist, welches Drama sich unter den vergessenen »Kleinen« unserer Welt abspielt.

Mein Gebet ist, daß dieses Buch »Straßenkinder – stummer Schrei der Vergessenen« die Christen nicht nur emotional berührt, sondern daß es Menschen aufrüttelt, an irgendeinem Punkt anzufangen, ganz praktisch zu helfen und einigen *Seiner* Kinder die Tränen aus dem Gesicht zu wischen.

Walter Heidenreich

August 1996

DANK

Meine Liebe zum Kino reicht weit zurück. Aber eine Sache habe ich nie verstanden. Warum kommen die Namen der vielen Personen, die an dem Film mitgearbeitet haben, immer erst am Ende des Filmes? Dabei ist es doch kein Geheimnis, daß alle Zuschauer zum Ausgang strömen, sobald die Handlung des Filmes zu Ende ist. Dadurch geht eine Menge wichtiger Information verloren. Es ist nicht die Schuld der Zuschauer, wenn sie aus dem Kino gehen und denken, der Film wäre nur von den paar Leuten gedreht worden, die vor Beginn der Handlung auf der Leinwand erschienen sind. Kaum einer denkt daran, daß viele Leute eine riesige Menge Arbeit tun müssen, um für einige wenige Hauptdarsteller den Rahmen zu schaffen, in dem sie ihre Rolle spielen können.

Mit Freuden kehre ich heute dieses Kino-Gesetz um und bringe den Dank an der Stelle, an der er seinen rechtmäßigen Platz hat: gleich am Anfang, bevor das Buch beginnt. Auf der Titelseite dieses Buches steht zwar mein Name, aber es konnte nur durch die gemeinsame Arbeit von vielen verschiedenen Leuten entstehen.

An erster Stelle möchte ich meine wunderbare Frau Amanda erwähnen, die seit Jahren mit mir über die Probleme der Straßenkinder redet. Während dieses Buch entstand, war sie eine beständige Quelle der Ermutigung und der konstruktiven Kritik für mich. Viele Male hat sie zusätzliche Verantwortung zu Hause und in der Familie übernommen, um mir mehr Freiheit zum Reisen, Forschen und Schreiben zu geben, und sie hat es stets mit Freude getan.

Ohne sie wäre dieses Buch nur eine Idee geblieben.

Auch unsere Kinder Matthew, Samuel, Hannah und Daniel haben oft auf ihren Papa verzichtet, damit er mehr Zeit für die Straßenkinder hat, für die unsere Kinder auch oft gebetet haben.

Noel Halsey in England gebührt viel Dank. Von der ersten Stunde an, seit die Idee zu diesem Projekt entstanden ist, war er mit Begeisterung und Hingabe dabei und hat mit großer Geduld durchgehalten, bis das Ganze Gestalt annahm. Linda Finley-Day hatte bei der endgültigen Fertigstellung des Buches eine Schlüsselrolle.

Viele Mitglieder unserer Gemeinde-Familie »New Malden Baptist« in England begleiteten uns mit ihrem treuen Gebet in den vielen Monaten, die nötig waren, um die Arbeit durchzuführen. Ebenso beteten auch viele unserer Freunde in verschiedenen Ländern für uns.

Paul McCusker war sowohl ein guter Freund als auch ein ehrlicher Kritiker, der stets im rechten Moment zur Stelle war. Und Paul Daw hatte immer gerade dann ein besonderes Wort der Ermutigung für uns, wenn wir es am meisten brauchten. Wir danken euch!

Dann sind da noch die vielen, die sich uns für lange Interviews zur Verfügung stellten, die uns ihr Fachwissen, ihre Archive oder ihre sonstigen Quellen geöffnet haben. Es sind zu viele, als daß wir sie namentlich erwähnen könnten.

Mein aufrichtiger Dank gilt euch allen, die ihr uns eure Kommentare, Erfahrungen, Unterlagen und Berichte mitgeteilt habt. Wo immer es möglich war, haben wir im Text auf die verschiedenen Quellen hingewiesen.

Weiter will ich Johan und Jeanette Lukasse in Belo Horizonte, Brasilien und Danny Smith und die »Jubilee-Gruppe« in Surrey, England, sowie Jeff Anderson und seine »ACTION-Mitarbeiter« in Manila auf den Philippinen namentlich erwähnen. Ihr alle habt uns ausgesprochen effektiv und großzügig bei allem geholfen.

Alle Ereignisse und Zitate sind so wiedergegeben, wie wir sie während meiner Interviews und Besuche beobachtet und aufgezeichnet haben. Eventuelle Abweichungen davon habe ich als solche gekennzeichnet.

Zu guter Letzt haben Beth und Jan Johnson mir einen wunderbaren Rückzugsort in den Bergen zur Verfügung gestellt, genau in der Zeit, als die Arbeit an dem Buch sich als besonders schwierig gestaltete.

Wenn durch dieses Buch etwas Gutes bewirkt wird, das von Dauer sein wird, so möchte ich es voller Freude mit all den Menschen teilen, die ich hier erwähnt habe.

Sollten sich Schwächen in dem Buch zeigen, Dinge verkürzt oder falsch dargestellt werden, so ist dies allein meine Schuld.

Andy Butcher
Colorado Springs

EINFÜHRUNG

Ein gestohlenes Erbe

»Bitte um Vergebung, Sir.
Ich möchte noch ein wenig Suppe.«
Oliver Twist, 2. Kapitel, Seite 15

Das ist einer der berühmtesten Aussprüche in der Kinderliteratur. Ein Engelsgesicht umrahmt von zerzausten Haaren. Mit einem unschuldigen Blick hält der Junge seine Schüssel hoch und bittet um eine zweite Portion, um seinen leeren Magen zu füllen.

»Bitte um Vergebung, Sir. Ich möchte noch ein wenig Suppe.«

Mit dieser einfachen Bitte hat Oliver Twist seit Jahrzehnten unzählige Menschen berührt, die seine Darstellung auf der Bühne, im Kino, in Liedern oder Comicheften sahen.

Diese klassische Geschichte von Charles Dickens, die die Erlebnisse eines Waisenjungen, der im Armenhaus zur Welt kam, der flieht, nach London kommt und dort in die falschen Hände fällt, schildert, ist weltweit bekanntgeworden und wird zumindest oberflächlich überall sehr geliebt.

Aber die übliche Darstellung dieser Geschichte wird der Wirklichkeit nicht gerecht. Ebenso ist das Schicksal der vielen Kinder, die in allen Großstädten der Welt leben und die reale Nachkommen von Oliver Twist sind, nicht halb so romantisch, wie uns moderne Bearbeitungen von Dickens Roman vortäuschen.

Wahrscheinlich weckt die Bearbeitung von Oliver Twist, an die Sie sich erinnern können, warme und heitere Gefühle in ihnen, allein schon der »Engel mit schmutzigen Gesichtern« willen. Es sind unschuldige Bösewichte und harmlose, kleine Ganoven.

Aber trotz seinem glücklichen und etwas naiven Ausgang ist das Original von Dickens viel düsterer und ganz anders als die üblichen Bearbeitungen des zwanzigsten Jahrhunderts.

Wenn man Gestalten wie Fagin, Bill Sykes und Artful Dodger in den dusteren, kaum beleuchteten Straßen Londons um 1900 auftreten läßt, in der Zeit vor den elektrischen Straßenlaternen, dann wirken sie viel finsterer als in einer neonbeleuchteten Stadt unserer Zeit.

Diese Geschichte war kein Märchen. Vielmehr handelt es sich um eine literarische Darstellung eines der ersten Straßenkinder überhaupt. Auch Anzeichen von Gewalt und Mißbrauch fehlen nicht, wenn man nur etwas intensiver zwischen den Zeilen liest.

So kann man die bekannte Gestalt von Oliver Twist in Hunderten und Tausenden von Städten überall auf der Welt durch die nächtlichen Straßen huschen sehen.

In Khartum, der Hauptstadt des Sudan, schlafen Kinder auf Friedhöfen. In São Paulo in Brasilien leben sie auf den Dächern der Bushaltestellen. In Bogotá in Kolumbien verkriechen sich die Kinder in Abwasserkanälen. In der englischen Hauptstadt schlafen sie in Pappkartons. Und in New York verstecken sich die heimatlosen Kinder unter kaputten Autos.

In Manila auf den Philippinen arbeiten sie als Schuhputzer, in Mailand stehlen sie Brieftaschen, in Nairobi in Kenia bieten sie ihre Dienste als Wächter für parkende Autos an. In Sydney in Australien verkaufen sie ihren Körper. Sie tun all das, um ein bißchen Essen zu bekommen.

Ihr Leben ist ein einziger Schrei. Wie Oliver wollen auch sie ein wenig mehr, mehr als das, was von den Erwachsenen für sie abfällt.

»Bitte um Vergebung, Sir. Ich möchte noch ein wenig Suppe.«

Die kargen Portionen, die ihnen zufallen, reichen nicht, um den Hunger zu stillen. Sie müssen sich auf Sex, Drogen und Gewalt einlassen, um die Schmerzen und den Hunger zu bekämpfen.

Sie brauchen Zuwendung. Die gleichgültige Reaktion der Erwachsenen reicht ihnen nicht, die nur dann auf die Kinder aufmerksam werden, wenn sie ihnen in den Weg geraten.

Sie wollen mehr vom Leben, mehr als die Aussicht, schon früh an Unfällen und Krankheiten zu sterben.

Sie brauchen Hoffnung auf eine Zukunft. Zu oft haben sie nur die Perspektive, entweder nach Konflikten mit der Polizei ins Gefängnis zu kommen oder von einer Killertruppe umgebracht zu werden.

Wenn wir die Geschichte von Oliver sorgfältig lesen, sehen wir, daß er nicht aus jugendlicher Gier, auch nicht nur aus kindlichem Verlangen heraus um mehr bat.

Vielmehr bat er um das, was ihm rechtmäßig zustand.

Tatsächlich fand Olivers späterer Wohltäter dann heraus, daß der Junge nicht nur ein unbekanntes Waisenkind aus dem Armenhaus war. Er entdeckte die Geschichte von Olivers Eltern.

Wenn er auch kein eheliches Kind war, so hatte er doch einen Vater, und dieser war ein wohlhabender Geschäftsmann. Fagin, der Schurke, und seine Komplizen wußten davon und setzten alles daran, daß Oliver nicht sein rechtmäßiges Erbe bekommen sollte.

Die Geschichte mit Oliver nahm ein glückliches Ende. Aber eineinhalb Jahrhunderte später sieht die Zukunft für viele seiner modernen Leidensgenossen nicht so rosig aus. Für sie gibt es kein Happy-End im Leben.

Sie leben in Bushaltestellen und leerstehenden Gebäuden, auf Bürgersteigen und in Eisenbahnstationen, und auch ihnen verweigert die Welt ihr rechtmäßiges Erbe.

Sie haben ein Recht auf Pflege, Ernährung und Erziehung, auf Hilfe und Hoffnung, auf eine Familie und eine Zukunft.

Die Olivers unserer Tage haben in bezug auf Ausbildung keine Chance, sie werden emotional verletzt, finanziell beraubt, körperlich mißbraucht. Sie sind unterernährt, sexuell zerstört, die Menschen in ihrer Umgebung verachten sie, sie sind sozial isoliert und seelisch verwundet.

Kinderhände umschließen eine Schale zum Betteln, eine Tüte, aus der sie die giftigen Dämpfe von Klebstoff einatmen, eine intravenöse Spritze oder eine scharfe Waffe.

Und tonlos schreien sie: »Bitte um Vergebung, Sir. Ich möchte noch ein wenig Suppe.«

Kapitel 1

Drei Städte, drei Gipfel

»... sein Schicksal, ... von allen verachtet,
von niemand bemitleidet,
durch die Welt gestoßen zu werden.«
Oliver Twist, 1. Kapitel, Seite 10

Brasilien: Die Banden und die Waffen

Eigentlich war ich mit Chico verabredet gewesen, doch ich kam 24 Stunden zu spät. Das einzige, was noch an ihn erinnerte, waren einige Blutflecken, die auf den brasilianischen Straßen schnell verblassen. Für ungefähr siebzehn Jahre waren diese Straßen sein Zuhause gewesen. So lange hatte er gelebt.

Er hinterließ noch etwas anderes außer seinen Blutflecken. Das junge Teenager-Mädchen war mit seinem Kind schwanger.

Sie stand einige Meter von der Stelle entfernt, wo er niedergeschossen worden war und weinte leise. Sie war mit ihm befreundet gewesen. Auch die anderen Bandenmitglieder lungerten in der Nähe herum.

Einige stierten verkrampft auf den Boden, andere traten angespannt von einem Bein auf das andere. Manche warfen drohende Blicke auf jeden, der vorüberging. Aber niemand wollte sich mit ihnen anlegen. Die Passanten schenkten ihnen keine Beachtung.

Es war gerade ein Tag vergangen, seit Chicos toter Körper von dieser Stelle entfernt worden war. Die Bandenmitglieder, die ihren Anführer verloren hatten, waren unruhig, angespannt und unter großem inneren Druck. Einige, die erst jetzt zu der Gruppe kamen, hockten sich zu den anderen auf die Eingangsstufen des Kinos. Aber auch wer gestern nicht dabeigewesen war, fragte nicht viel. Jeder spürte sofort die Spannung, die in der Luft lag. Bald hatten sich alle ins Innere des Kinos zurückgezogen. Dieser Kinoeingang war praktisch ihr Zuhause.

Hier in der »Dos-Carijos-Straße«, in der Umgebung des Kinos in Belo Horizonte, hatte ihn eigentlich jeder gekannt. Sein Spitzname war Doido, was auf portugiesisch »verrückt« heißt. Denn er konnte ein rasender, wilder Kämpfer sein und war wie verrückt hinter allem her, was man schlucken oder schnüffeln kann.

Aber die rund zwanzig anderen Kids in seiner Gang mochten ihn sehr. Einmal war er sogar als Repräsentant zu einer Anhörung geschickt worden, um von den Nöten der Straßenkinder Brasiliens zu berichten.

Dann kam der Abend, an dem jemand mit ihm abrechnete.

Für ihn war es immer nur ein Spaß gewesen. Er ging in Restaurants und Cafés, wo er wie die feinen Leute essen und trinken konnte, und dann verschwand er, ohne die Rechnung zu bezahlen. Aber nun hatte er es einmal zu oft gemacht, er war dieses eine Mal zu weit gegangen.

Aufgebracht über die Unverfrorenheit des Jungen war ein Angestellter des Restaurants hinter ihm hergelaufen und hatte ihn mit einem Schuß in den Hinterkopf getötet.

Manila: Das Rasiermesser

Nicky saß mitten auf dem Bürgersteig in Manila und versuchte stillzuhalten, während sein Freund Reinaldo hinter ihm kniete und mit dem blanken Rasiermesser über seinen Schädel kratzte.

Hin und wieder tauchte er die Klinge in eine Plastiktasse mit trübem Wasser, um Blut und Schmutz von dem stumpfen Messer abzuwaschen. Reinaldo war ein ziemlich ungeschickter Frisör, aber allmählich legte er doch die Kopfhaut seines Freundes frei.

Nach und nach fiel Nickys Haarschopf zur Erde, und langsam wurde der Grund für die Aktion sichtbar: Der ganze Kopf war übersät von Schnittwunden und Striemen. In der vergangenen Nacht hatte Nicky einen Kampf verloren.

Die freigelegten Wunden waren so tief, daß sie eigentlich hätten genäht werden müssen. Aber das Krankenhaus arbeitete nur gegen Bezahlung, und der verletzte Zwölfjährige hatte kein Geld.

Statt dessen leistete Reinaldo nun die kostenlose Erste Hilfe, die auf den Straßen üblich ist: Man rasiert das verfilzte Haar ab, damit die Wunden sauber sind und sich nicht entzünden, und dann streut man eine zerstoßene Aspirintablette in die offenen Stellen, um sie zusätzlich vor Infektionen zu schützen.

Nicky hockte am Boden, mit den Unterarmen stützte er sich auf seine Knie. Immer wieder unterdrückte er einen Schmerzensschrei, denn das Messer in der Hand seines Freundes fügte ihm so manchen zusätzlichen Schnitt zu.

Unbeachtet von den Passanten kauerten die Jungs auf der Straße, und der Strom der Fußgänger floß um sie herum, ohne sie wahrzunehmen. Die beiden befanden sich in einer der geschäftigsten Einkaufsgegenden Manilas.

Eine Gruppe von jungen philippinischen Studenten kam die Straße entlang. Sie waren bepackt mit Einkaufstaschen und entdeckten plötzlich die beiden Jungs in ihren zerlumpten Kleidern.

Ohne auf ihrem Weg innezuhalten, wechselten sie die Straßenseite, um diesen Anblick des Elends zu umgehen. Die Szene war wie aus dem Gleichnis vom barmherzigen Samariter. Der Priester und der Levit gingen an dem Verletzten vorbei.

Hollywood: Die Schattenseite

Während Tony mir die Gegend zeigte, in der er lebte, erinnerte er sich daran, wie er hierhergekommen war. Eines Tages waren seine Mutter und sein Stiefvater zu der Überzeugung gelangt, daß das Leben einfacher wäre, wenn er ihnen nicht immer in die Quere käme. Und sie kauften ihm eine einfache Fahrkarte zum anderen Ende des Landes.

Damals war er dreizehn Jahre alt.

Zum Abschied hatten sie ihm noch den guten Rat mit auf den Weg gegeben: »Geh nicht nach Los Angeles, das ist eine verrückte Stadt«. Aber genau dorthin ging er, mit ein paar Dollars in der Tasche und ohne eine Vorstellung, wie das Leben weitergehen sollte.

Er reihte sich unter die anderen Kinder auf dem Hollywood Boulevard und versuchte wie sie, ein bißchen Geld zu bekommen, um sich irgendwie betäuben zu können. Billiger Alkohol oder Drogen halfen, alles zu vergessen.

Er paßte sein Äußeres den neuen Punk-Freunden an, und sein Kindergesicht mit dem bunten Irokesenschnitt und dem schwarzen Make-up sah interessant genug aus, so daß die Touristen ihm Geld dafür gaben, wenn er sich mit ihnen fotografieren ließ. Ein Schnappschuß mit einem jungen Punker, den man schnell wieder vergißt, in der berühmten Gegend, wo unvergeßliche Filmstars ihre Gesichter verewigen lassen.

Wenn das Fotogeschäft mit den Touristen nicht gut lief, gab es immer noch die Möglichkeit, sich als Strichjunge mit schwulen Kunden fotografieren zu lassen. Und wenn auch dieses Geschäft eine Flaute hatte, ging er manchmal auch direkt in einen Laden und nahm sich, was er brauchte.

Sein Zuhause war ein verlassener Wohnblock am düsteren Ende der Straße, er lebte dort in einem leeren Zimmer. Die Einrichtung bestand aus einer alten Kiste, einer schmutzigen Matratze und fleckigen Decken. Hier hauste er zusammen mit seinen Freunden, und hier hatten sie »sex and drugs and rock'n'roll«.

Die Wände waren von jemandem besudelt, der sich blindlings in dieses gefährliche Leben begeben hatte, als Warnung für die vielen hundert jungen Leute, die sich wie Tony in diese Stadt treiben lassen. Hollywood bietet ihnen keine Chance, nur einen Sumpf aus Okkultismus und Perversion.

Das Gekritzel an den Wänden war mit Blut geschrieben.

Drei Städte, drei Jungs, dreimal Blut. Drei Schnappschüsse aus erster Hand, die eine grausame Wirklichkeit zeigen. Rund um die Uhr, rund um die Welt spielen sich diese Dramen ab. Die Straßen unserer Städte sind voll von Kindern, denen keiner hilft, die auf sich selbst gestellt sind. Sie müssen versuchen, ihr Leben irgendwie zu meistern, mitten in einer feindlichen oder gleichgültigen Welt.

Es ist schwer zu sagen, was schlimmer ist.

Man könnte noch so viele andere schreckliche Geschichten erzählen. Die Fälle stapeln sich in den Akten der Rechtsanwälte, bei den Fürsorgeämtern und Wohlfahrtsorganisationen, in sozial engagierten Kirchen, Menschenrechtsvereinen und Regierungsstellen.

Chico, Nicky und Tony sind drei Kinder, denen ich begegnet bin, als ich verschiedene Erdteile bereiste. Ich ging nur ein wenig abseits der Hauptstraßen, schon ein paar Straßen weiter traf ich diese Kinder.

Dieses Buch soll keine erschöpfende Studie sein, es will nicht für sich beanspruchen, alle Antworten zu enthalten.

Aber es möchte Fragen stellen.

Alle Fragen sind nur ein Echo der einen großen Frage, die Oliver Twist als erster gestellt hat, die bis heute nachklingt und die alle einschließt, deren Leben in seinen Spuren verläuft.

»Verdienen sie nicht ein wenig mehr?«

Es gibt Menschen, die nicht nur der Meinung sind, den Kindern würde mehr zustehen, sondern die sich auch dafür einsetzen, daß ihre Situation sich verbessert.

Drei »Gipfel« an drei auffallend verschiedenen Plätzen wollen auch uns Christen herausfordern, unsere Teilnahmslosigkeit aufzugeben.

Der erste Gipfel ereignete sich vor den Journalisten der ganzen Welt, der zweite war eine private Zusammenkunft gleichgesinnter Menschen, zum dritten Gipfel kam eine Gruppe von Freunden zusammen.

Sie alle zusammen fordern uns heraus, auf das Verlangen der Kinder zu reagieren, die mehr fordern und denen mehr zusteht, als sie jetzt haben.

Kapitel 2

Gerettete Bäume, sterbende Kinder

»Wo wohnt er?« fragte Mr. Fang weiter.
»Wo er gerade unterkommt«, erwiderte der gutherzige Gerichtsdiener für Oliver.
Oliver Twist, 7. Kapitel, Seite 45

Der Weltgipfel für Kinder

Es war das größte Treffen von Politikern aller Länder, das es jemals gegeben hatte. Mehr als siebzig führende Persönlichkeiten waren Ende September 1990 für zwei Tage in New York zusammengekommen. Auf ihrer Tagesordnung stand nur ein einziges Thema: die Kinder.

Vertreter aller Länder hatten sich im Hauptquartier der UNO eingefunden, von Albanien bis Simbabwe fehlte niemand. Unter ihnen waren 41 Präsidenten, 29 Premierminister, ein König, ein Großherzog und ein Kardinal. Unter manchem anderen erklärte die Versammlung:[1]

»Die Kinder dieser Welt sind unschuldig, verletzlich und abhängig. Sie sind auch neugierig, voller Tatkraft und Hoffnung.«

»Ihre Kindheit sollte eine Zeit der Freude sein, in der sie in Frieden spielen, lernen und heranwachsen können. Ihre Zukunft sollte von Harmonie und Zusammenarbeit bestimmt sein. «

»Für viele Kinder sieht die Kindheit in Wirklichkeit jedoch ganz anders aus.«

Vielleicht bezieht sich diese Aussage auf Wilson, der in den Straßen von Bogotá in Kolumbien lebt. Vor Mitternacht kann er selten nach Hause gehen. Seine Eltern leben in einer ärmlichen Hütte und können ihre Kinder nicht ernähren. So schicken sie ihn täglich alleine auf die Straßen, um zu betteln. Er darf sich zu Hause erst wieder blicken lassen, wenn er einen Dollar zusammengebettelt hat. An manchen Tagen scheint dies ewig zu dauern. Er weint oft in seiner Hilflosigkeit.[2]

Die größeren Jungs in seiner Gegend haben es gelernt, ihren Schmerz mit »Boxer« zu ersticken, ein Reinigungsmittel, das sie in einen Rausch versetzt und den qualvollen Hunger vergessen läßt.

Die Aussage des Weltgipfels bezieht sich wohl auch auf Sonia in Belo Horizonte, Brasilien. Sie war erst drei Jahre alt, als ihre Eltern sie zum ersten Mal allein zum Betteln losschickten. Als dann ihr Vater ins Gefängnis kam, wurde sie in das Haus ihrer Tante gebracht. Aber dort kümmerte sich niemand um sie, so mußte sie sich selbst versorgen.[3]

Nach einiger Zeit wurde sie von der Polizei aufgegriffen und in ein Waisenhaus gebracht. Doch die anderen Mädchen in dem Heim hackten auf ihr herum und quälten sie. Das Leben im Heim war noch schlimmer als ihr vorheriges Leben auf der Straße. So lief sie weg. Eine Kinder-Straßenbande nahm sie auf, und zunächst schien das Leben etwas freundlicher geworden zu sein.

Bis zu jener Nacht, in der die Jungs in ihrer Bande entschieden, daß sie jetzt entjungfert werden müsse. In dieser Nacht wurde Sonia von zwölf jungen Männern nacheinander vergewaltigt. Und in der folgenden Nacht noch einmal.

Der Weltgipfel für Kinder bezog sich auch auf den dreizehnjährigen Joe in England, der von zu Hause weggelaufen war, nachdem er von seiner Mutter und seinem Stiefvater hören mußte, daß sie ihn nicht mehr bei sich haben wollten.[4]

Im Sommer schlief er in Parks, im Winter, wenn die Nächte kalt wurden, fand er manchmal bei Freunden Unterschlupf, oder er verkroch sich in unverschlossenen Garagen.

Zwei Jahre lang konnte er sich so durchschlagen. Dann wurde er aufgegriffen und in ein Kinderheim gebracht. Während der ganzen Zeit, in der er für sich selbst sorgen mußte, hat es nie eine Vermißtenmeldung gegeben, mit der sein Verschwinden angezeigt worden wäre.

Es gibt Tausende, wenn nicht Millionen solcher Schicksale. Sie haben die Teilnehmer des Weltgipfels für Kinder bewogen, folgende Aussagen zu machen:

»Tag für Tag sind unzählige Kinder auf der Welt Gefahren ausgesetzt, die ihr Wachstum und ihre Entwicklung gefährden.«

»Kindern wird unermeßliches Leid zugefügt: Sie werden Opfer von Krieg und Gewalt und leiden unter Rassendiskriminierung, Apartheid, Aggression und Fremdherrschaft; Kinder werden als Flüchtlinge oder Vertriebene dazu gezwungen, ihre Heimat aufzugeben, müssen mit körperlichen oder geistigen Behinderungen leben oder werden vernachlässigt, grausam behandelt und ausgebeutet.«[5]

Am zweiten Tag des internationalen Kongresses wurde ein Aktionsplan für die neunziger Jahre verabschiedet, demzufolge Kinder »zuoberst auf jeder Tagesordnung zu stehen haben ... Sie sollen Vorrang und den ersten Anspruch auf alle Güter dieser Erde haben, in guten und in schweren Zeiten.«[6]

Gastgeber dieses Weltgipfels inmitten einer Zeit großer Umbrüche war das Weltkinderhilfswerk UNICEF.

»Die Entspannung zwischen den Supermächten könnte dazu führen, daß zum ersten Mal nach über fünfzig Jahren die Nationen von ihren Feindseligkeiten ablassen und sich gemeinsam an die Aufgabe machen, die Erde in einen angenehmen, friedlichen Lebensraum zu verwandeln.«

»Die Stärkung des Friedens könnte auch einen großen Teil dazu beitragen, daß Millionen von Kinderleben gerettet werden.«[7]

Nach der Aussage von James Grant, dem Präsidenten von UNICEF, sterben weltweit täglich 40 000 Kinder. Zwei Drittel dieser Kinder hätten gerettet werden können, da ihre Krankheiten heilbar sind und die Medizin über die entsprechenden Mittel und das notwendige Wissen verfügt. Zum Beispiel sind Durchfallerkrankungen eine häufige Todesursache. Gegen solche Krankheiten kann man Vorbeuge treffen, man kann sie leicht behandeln und heilen.

»Tausende von Kindern ... sterben, weil viele nicht den einen Dollar aufbringen können, den eine Impfung kosten würde, oder weil viele Eltern nicht wissen, daß eine einfache Zucker-Salzwasser-Lösung das Leben ihres vom Durchfall ausgetrockneten Kindes retten kann«, sagte James Grant.[8]

Auf dem Weltgipfel für Kinder wurden viele Richtlinien für die kommenden zehn Jahre beschlossen. Dazu gehört eine Reihe von Zielen, die James Grant als die »Liste der Möglichkeiten« bezeichnete. Jetzt ist die Zeit, diese ehrgeizigen Pläne umzusetzen, die damals von den Konferenzteilnehmern formuliert wurden. Darin steht zum Beispiel:

- Eine dreißigprozentige Reduzierung der Todesrate der unter Fünfjährigen.
- Die Verringerung der Todesrate von Müttern um die Hälfte.
- Freier Zugang zu unverseuchtem Trinkwasser und ordnungsgemäße Entsorgung des Abwassers.

Der Gipfel bekannte sich auch zu noch weitreichenderen Zielen:

- Jedes Kind der Welt sollte die Möglichkeit haben, eine Grundschule zu besuchen, und achtzig Prozent der Kinder sollten sie mit Erfolg abschließen.
- Jedes Kind, das unter besonders schwierigen Bedingungen leben muß, soll geschützt werden.

Das letzte Ziel betrifft besonders die Situation der Straßenkinder.

> *»Millionen von Kindern auf der Welt leben in besonders schwierigen Lebensumständen«,* wurde in der elfseitigen Zusammenfassung der Meinungen der Kongreßteilnehmer festgestellt.
>
> *»... (Sie leben) als Waisen oder Straßenkinder, Flüchtlinge oder Vertriebene, Opfer von Kriegen, natürlichen und durch Menschen verursachte Katastrophen, einschließlich der Gefahren durch Strahlung und gefährliche Chemikalien, als Kinder von Wanderarbeitern und anderen sozial benachteiligten Gruppen, als Kinder oder Jugendliche, die Kinderarbeit verrichten, der Prostitution nachgehen, sexuell mißbraucht werden oder in andere Formen der Abhängigkeit und Ausbeutung verstrickt sind, als behinderte Kinder, jugendliche Straftäter sowie als Opfer von Apartheid und Fremdherrschaft.«*
>
> *»Diese Kinder bedürfen in besonderer Weise der Zuwendung, des Schutzes und der Hilfe ihrer Familien und Gemeinschaften; dies sollte auch ein wichtiger Bestandteil nationaler Planungen sowie der internationalen Zusammenarbeit sein.«*[9]

Der New Yorker Gipfel löste weltweite Betroffenheit aus. Im Fernsehen und im Rundfunk kamen Berichte, Zeitungen und Zeitschriften brachten Artikel, auf allen Kontinenten wurde plötzlich die Situation der Kinder beklagt. Ihre Vernachlässigung und der Mißbrauch, der mit ihnen getrieben wird, waren in aller Munde. Doch kaum waren die Teilnehmer des Gipfels wieder zu Hause in ihren verschiedenen Ländern, da wandten sich die Medien wieder anderen Themen zu.

Die vielen Versprechen, die den Kindern gegeben wurden, müssen erst noch eingelöst werden. Als der Präsident von UNICEF, Grant, später über das Treffen nachdachte, stellte er fest:

»Man hatte den Eindruck, daß die Welt endlich ihre Prioritäten in der richtigen Reihenfolge angeordnet hätte und daß eine echte soziale Bewegung für die existentiellen Rechte der Kinder Gestalt gewonnen hätte.«[10]

Aber er warnte auch gleichzeitig und sagte, daß es »keine geringere Bewegung bräuchte, um die Versprechen, die den Kindern gegeben wurden, zu erfüllen, als die historischen Bewegungen gegen Sklaverei, Kolonialismus, Apartheid und für Umweltschutz«.

Grüne Themen und die Habgier

Der Weltrekord, den der Weltgipfel für Kinder mit der höchsten Zahl an internationalen Politikern aufgestellt hatte, wurde bemerkenswerterweise schon nach weniger als zwei Jahren gebrochen. Das Ereignis, das in Rio de Janeiro stattfand, zog noch mehr Regierungschefs und hochrangige Politiker an, als das vorige Treffen in New York.

Die Konferenz hieß UNCED, Konferenz der Vereinten Nationen für Umwelt und Entwicklung, und es ging dieses Mal um grüne Themen. Die inhaltlichen Schwerpunkte waren die Abholzung der Wälder und die beschädigte Ozonschicht.

Als ob man den Kontrast noch deutlicher hervorheben wollte, gab es dann im Vorfeld bald schon Berichte von Säuberungskampagnen, bei denen Polizei und andere Wachorganisationen die Stadt auf das Ereignis vorbereiteten, indem sie die Straßenkinder in Rio von den Gehwegen entfernten. Den erwarteten Würden- und Amtsträgern sollten diese traurigen Anblicke erspart bleiben. Ein Reporter schrieb:

»Eine unzählbar große Schar von Straßenkindern ... wurde eingefangen und per Schiff über die Bucht in eine andere Stadt, nach Niteroi, gebracht. Tatsächlich gehen die brasilianischen Behörden mit ihren Kindern so um wie die Industrieländer mit ihren Müllbergen: sie transportieren sie einfach an einen anderen Ort, wo sie außerhalb des öffentlichen Blickfeldes sind.«[11]

In manchen Fällen wurden die jugendlichen Obdachlosen nicht nur vorübergehend weggeschafft. Als Rios berüchtigte Killer-Truppen ihre Arbeit aufnahmen, wurden sie für immer beseitigt.

Nur eine einzige Stimme des Protests erhob sich. Der britische Journalist Daniel McGrory schilderte im »Daily Express« die nächtlichen Säuberungsaktionen in Rio:

»Viele Engländer sind verärgert darüber, daß Brasilien uns dazu bringen will, seine Bäume zu schützen, während es nicht bereit ist, seine eigenen Kinder zu beschützen.«

Weiter schrieb er:

»Wir weinen angesichts der Bilder von verhungernden, kranken, unterernährten Kindern, aber in Rio werden sie hingerichtet – nur damit diese korrupte und habgierige Stadt ihr lebenslustiges Image bewahren kann.«[12]

Die Rechte der Kinder

Vor über sechzig Jahren begann ein langsames Umdenken hin zu einer besseren Welt für Kinder. Die kurze Aufmerksamkeit der internationalen Medien für den Weltgipfel für Kinder in New York war nur die vorläufig letzte Station auf diesem Weg.

1924 hatte der Völkerbund, aus dem später die UN wurde, eine Zehn-Punkte-Erklärung verfaßt, die sich mit den Rechten der Kinder befaßte. Darin waren auch die Voraussetzungen garantiert, die es für eine »normale körperliche und seelische Entwicklung« braucht.[13]

Obwohl es keine Mittel gab, diese Rechte zu erzwingen, hat die Erklärung damals doch »den Ländern eine Richtlinie gegeben ... so daß sie den Wert ihrer Kinder neu erkennen mußten«.[14] In den folgenden Jahren erschienen immer wieder Berichte, die sich mit den verschiedenen Aspekten der Rechte der Kinder beschäftigten.

Das nächste große Ereignis auf diesem Weg der Rechte der Kinder, der bis hin zu dem Gipfel in New York führte, war 1959, als die Generalversammlung der Vereinten Nationen einstimmig die neue Erklärung der Rechte der Kinder annahm. Auch dieser Beschluß konnte nicht mit juristischen Mitteln durchgesetzt werden. Er war die überarbeitete und aktualisierte Fassung der ersten Erklärung von 1924. Aber er sollte einen Rahmen bilden für privates und öffentliches Handeln zum Wohl von Kindern. Bezeichnend war die Feststellung, daß »die Menschheit den Kindern das Beste schuldet, das sie zu geben hat«.[15]

Zwanzig Jahre später begannen die Bemühungen, die ernstgemeinten, aber oft auch belächelten Prinzipien der Rechte der Kinder durch internationales Recht zu verstärken. Während des internationalen Jahres des Kindes wurde damit begonnen, eine Konvention für die Rechte der Kinder zu entwerfen. Das Projekt wurde von Regierungen, freien Organisationen und von internationalen Menschenrechtsgruppen diskutiert und bearbeitet. Jedes Jahr trafen sich die Vertreter der verschiedenen Gruppen eine Woche lang, um an dem Text zu arbeiten, und das zehn Jahre lang.

1989 war es endlich soweit, die UN-Vollversammlung nahm die Erklärung an. Die 54 Artikel der Konvention lassen sich in vier verschiedene Gebiete zusammenfassen, in denen den Kindern überall Rechte zugesichert werden sollen:

- das Recht zu leben, Recht auf angemessenen Lebensstandard und Zugang zu medizinischer Versorgung
- das Recht, sich zu entwickeln, einschließlich einer Ausbildung und Freizeitangeboten, dazu auch Religionsfreiheit
- das Recht auf Schutz vor Ausbeutung und Gewalt und das Recht auf gesetzlichen Schutz vor Verbrechen
- das Recht auf freie Äußerung, Redefreiheit und das Recht auf Mitbestimmung in Fragen der eigenen Zukunft[16]

Die Unterzeichner des Vertrags verpflichteten sich, regelmäßig Rechenschaft über die Umsetzung der Erklärung abzulegen, außerdem sollten sie der UN-Vollversammlung im Zweijahresabstand einen Erfolgsbericht vorlegen. Ein Grund, den Weltgipfel für Kinder abzuhalten, war die Erwartung, viele Länder ermutigen zu können, die Konvention anzunehmen. Damit wollte man sie dazu bringen, ihre eigenen Gesetze anhand dieser Artikel neu zu überprüfen.

Peter Adamson ist der Herausgeber des UNICEF-Jahresberichts »Lage der Kinder der Welt«. In einem Kommentar über den Gipfel schrieb er:

> *»Wie viele andere ähnliche Erklärungen in der Vergangenheit beschreibt auch dieses Papier ein Ideal, das bisher, wenn überhaupt, nur von sehr wenigen Nationen erreicht wurde.«*
>
> *»Der Vertrag versucht, eine untere Grenze zu ziehen und die minimalen Standards festzuschreiben, um das Überleben der Kinder zu sichern, um ihnen Gesundheit, Ausbildung und Schutz zu bieten. Die Erklärung will die Kinder schützen, die gezwungen sind, in*

Kriegen mitzukämpfen, die in Flüchtlingslagern aufwachsen, die sich selbst überlassen sind und die auf den Straßen der Großstädte um ihr Überleben kämpfen, Kinder, deren Arbeitskraft zu Hause oder in Fabriken ausgebeutet wird, die körperlich oder sexuell mißbraucht werden, Kinder, die drogensüchtig und straffällig geworden sind und die sich prostituieren.«

»Wenn immer mehr Nationen diese Konvention unterzeichnen und anfangen, diese Standards in ihr nationales Recht einfließen zu lassen, und wenn die Presse und die Öffentlichkeit dafür sensibilisiert werden, daß auf die Einhaltung dieser Rechte geachtet wird, dann wird diese Erklärung allmählich zu einem allgemein anerkannten Mindest-Standard werden. Jedes zivilisierte Land, ob arm oder reich, wird dann beschämt darauf achten, sich nicht unter diesem Niveau zu bewegen.«[17]

In den zwölf Monaten zwischen der Veröffentlichung der Konvention und dem Gipfel in New York unterzeichneten 39 Länder. Es war die erste Menschenrechts-Konvention überhaupt, die innerhalb eines Jahres ratifiziert wurde. Für eine Ratifizierung müssen mindestens zwanzig Nationen unterschreiben.

Im November 1994 hatten schon 176 UN-Mitgliedsstaaten unterzeichnet oder die Konvention ratifiziert, und die Verantwortlichen der UNICEF erklärten, sie rechneten damit, daß bis 1995 auch die übrigen, noch ausstehenden Länder die Erklärung angenommen haben würden.

Großbritannien, Kanada, Australien, China, Deutschland und Frankreich waren unter den ersten Ländern, die diese Konvention unterzeichneten. Nur in den Vereinigten Staaten dauert es länger, bis die Konvention überhaupt akzeptiert wurde. Und so sind die USA das einzige UN-Mitgliedsland der westlichen Welt, das bis 1995 die Konvention über die Rechte der Kinder noch nicht ratifiziert hat.

Skeptiker warnten davor, daß »die meisten der 54 Artikel so formuliert sind, daß man sie, unter dem Vorwand, das Kind schützen zu wollen, auch gegen die Eltern anwenden kann«.[18]

Aber trotz aller Bedenken wurde die Konvention von mehr Ländern schneller ratifiziert, als irgendein anderer Menschenrechtskonvention in der Geschichte.

Wie steht es um die Rechte der Straßenkinder?

In bezug auf Gesundheit und Ausbildung hat die Erklärung zum Recht des Kindes klare, nachprüfbare Richtlinien vorgegeben, doch wo es um die Lage der Straßenkinder geht, bleibt sie ziemlich vage.

Das ist nicht überraschend, denn niemand kennt die wirklichen Ausmaße der Not. Straßenkinder sind durch das soziale Netz gefallen, und damit ist es auch unmöglich, sie statistisch zu erfassen.

Ein Kind, das unter »besonders schwierigen Bedingungen lebt«, wie sie in dem Handlungsplan beschrieben werden, wird vielleicht nicht in das feine Raster passen, das der Plan definiert hat. Wahrscheinlich ist es nicht das Kind, das ein »Waise ist oder auf der Straße lebt«, weil es ein Flüchtling ist oder wegen eines Krieges oder einer Katastrophe entwurzelt wurde. Natürlich laufen solche Kinder auch Gefahr, als Folge ihrer außerordentlichen Lebenssituation ausgebeutet zu werden oder mit dem Gesetz in Konflikt zu geraten.

Die Lebensbedingungen der Straßenkinder sind aber nicht außerordentlich – sie sind die Normalität. Es ist eine traurige Tatsache, die niemand in Frage stellt, daß es sie einfach gibt – auch ohne Krieg und Katastrophen. In den meisten Großstädten der Welt braucht man nicht weit zu gehen, bis man die Kinder und Jugendlichen sieht, die auf den Bürgersteigen, an den U-Bahn-Eingängen und Busstationen herumlungern. Sie kauern auf der Straße, halten die Plastiktüte fest, die ihren ganzen Besitz enthält und versuchen, von den Passanten ein paar Münzen zu bekommen, damit sie sich etwas zu essen kaufen können. Sie sind ohne Perspektive, ohne Zukunft und Hoffnung.

Ein weltweites Problem

Früher dachte man, Straßenkinder seien nur ein Problem der armen Länder, doch in den letzten Jahren werden sie immer mehr auch zu einem Merkmal reicher Städte. »In London leben zur Zeit etwa 50 000 obdachlose junge Leute«, berichtete *Childhope UK* im Jahr 1991. Diese Gruppe, die sich als Fürsprecher der Straßenkinder einsetzt, schreibt weiter: »In anderen wohlhabenden Städten Europas wie Amsterdam, Berlin und Paris … ist es ein Teil des normalen Straßenbildes geworden, daß junge Leute betteln.«

Die Obdachlosigkeit unter jungen Leuten nimmt in ganz Europa zu, und »jede größere Stadt in der EU erlebt eine Zunahme der Obdachlosen, von denen viele jung und verletzlich sind«.[19]

Die Lage der ungewollten Kinder auf den Straßen Osteuropas und der ehemaligen Sowjetunion blieb lange Jahre hinter dem Eisernen Vorhang verborgen. Aber seit dem Fall der Mauer in Berlin ist die grausame Wirklichkeit der Kinder auch in diesen Ländern unübersehbar geworden.

Eine Zeitung berichtete von mehr als 200 000 obdachlosen Kindern in Rußland, davon leben 40 000 allein in Moskau und 60 000 in St. Petersburg.[20]

»Immer wieder müssen wir mitansehen, wie Eltern sich einfach nicht mehr um ihre Kinder kümmern wollen. Es ist ihnen egal, ob ihre Kinder in U-Bahnhöfen betteln oder ob sie Autos waschen«, berichtete ein von der Regierung angestellter Sozialarbeiter.[21]

Nach den Aussagen von Graeme Irvine, dem Präsidenten von *World Vision*, gibt es in den Vereinigten Staaten etwa 300 000 Kinder unter sechzehn Jahren, die sich prostituieren. Die meisten von ihnen sind von zu Hause weggelaufen, weil sie dort mißbraucht wurden oder weil ihre Eltern sie verwahrlosen ließen.[22]

Es gibt Unterschiede zwischen den armen Kindern der dritten Welt und den Straßenkindern der westlichen Welt.

Der Junge in den zerrissenen Kleidern am Springbrunnen in Rio de Janeiro und das Kind auf dem Bahnsteig in Neu-Delhi – sie sehen beide wie Neunjährige aus. Aber wahrscheinlich sind beide mindestens vier Jahre älter. Doch aufgrund ihrer mangelhaften Ernährung sind sie noch so klein.

Im Gegensatz dazu sieht das Mädchen in den knappen Shorts, die statt eines T-Shirts nur einen BH trägt und die am *Time Square* in New York oder am *Piccadilly Circus* in London steht, wie eine Siebzehnjährige aus, obwohl sie wahrscheinlich erst dreizehn Jahre alt ist. Sie hat sich nur so zurechtgemacht.

Das Durchschnittsalter der Straßenkinder in den Entwicklungsländern wird immer jünger. Heute ist es keine Seltenheit mehr, daß fünfjährige Jungen und Mädchen schon zu Straßenbanden gehören. Die Banden ersetzen ihnen die Familie. Im Westen sind die Straßenkinder durchschnittlich noch deutlich älter, die meisten sind dort schon Teenager, bevor sie zu Straßenkindern werden.

In den geschäftigen Städten der westlichen Länder sind die Straßenkinder nicht allzu auffällig. Mehr als das Stirnrunzeln eines vorbeigehenden Polizisten lösen sie tagsüber selten aus. Aber wenn es Nacht wird und die Stadtbewohner zu Hause sind, dann bestimmen die verwahrlosten, entwurzelten Kinder das Straßenbild.

Die Kinder und Jugendlichen, die auf der Straße leben, werden zunehmend zu einem internationalen Problem. Die Gründe, warum sie kein Zuhause haben, variieren von Land zu Land, aber viele ihrer Bedürfnisse sind überall die gleichen.

Das Ausmaß der Not

Obwohl es keine offiziellen Statistiken gibt, haben doch viele versucht, die Lage der Straßenkinder in Zahlen auszudrücken. Natürlich gehen dabei die Meinungen weit auseinander. Oft spiegeln die Zahlen eher die Meinung dessen wider, der die Schätzung vorgenommen hat, als daß sie die Wirklichkeit beschreiben. Newsweek schrieb:

> *»Es ist unmöglich, die Zahl der Straßenkinder weltweit auch nur annähernd zu schätzen.«*[23]
>
> *»In vielen Ländern neigen die Regierungsstellen, die für das Wohlergehen der Kinder verantwortlich sind, dazu, ausgesprochen niedrige Zahlen anzugeben. Natürlich wollen sie damit der Kritik an ihrer Arbeit vorbeugen, die sowohl vom eigenen Land wie auch vom Ausland kommt.«*
>
> *»Dagegen haben auf Spendengelder basierende Wohlfahrtsorganisationen ein verständliches Interesse, die Lage zu dramatisieren. Sie operieren mit viel höheren Zahlen ... Das Amt für soziale Angelegenheiten in Mexiko erklärte, daß es im ganzen Land nur 2 278 Straßenkinder gäbe. Private Wohlfahrtsorganisationen schätzen jedoch, daß allein auf den Straßen von Mexiko City mindestens 1,8 Millionen Kinder leben, Kinder, die zumindest die Hälfte ihrer Zeit auf der Straße verbringen.«*

UNICEF sagt, daß es weltweit 100 Millionen Straßenkinder gibt. Auf diese Zahl berufen sich viele christliche Organisationen. Es ist aber nur eine grobe Zahl, die immer wieder von Forschern diskutiert wird.

An dieser Stelle ist es natürlich wichtig, sich auf die Definition des Begriffes »Straßenkind« zu einigen. Wer von 100 Millionen ausgeht, versteht wohl unter einem Straßenkind jedes Kind und jeden Teenager, der einen großen Teil seines Tages und seines Lebens auf der Straße verbringt, der sich selbst versorgen und ernähren muß.

Natürlich gibt es Abstufungen der Not und Gefahr, aber alle diese Kinder brauchen Hilfe. So würden es zumindest die privaten Hilfsorganisationen sehen.

Die Stellen, die eine etwas konservativere Schätzung vornehmen, gliedern die Straßenkinder in drei Gruppen. Alle drei Gruppen zusammen ergeben auch wieder 100 Millionen, aber diese Zahl enthält dann einen großen Anteil von Kindern, die nicht in so großer Not sind wie die Kinder aus der Gruppe der »Härtefälle«.

Nach dieser Gliederung gehören zur ersten Gruppe solche Kinder, die ein Zuhause haben, zu einer Familie gehören und meistens auch abends nach Hause gehen können, um dort zu schlafen. Zu dieser Gruppe gehören die meisten Kinder, die auf der Straße leben. Laut Definition heißen sie »Kinder auf der Straße«.[24]

Sie müssen mithelfen, das geringe Einkommen ihrer Familien aufzubessern. So verbringen sie den größten Teil des Tages außerhalb des Schutzes und der Fürsorge ihrer Familie und weit entfernt von der häuslichen Umgebung.

Vielleicht finden sie ehrliche, aber schlecht bezahlte Arbeit, vielleicht müssen sie aber auch betteln oder stehlen, um Geld zu bekommen. Während sie den ganzen Tag alleine in den Straßen der Großstädte unterwegs sind, leben sie in der Gefahr, von Erwachsenen ausgebeutet zu werden oder unter den Einfluß von Straßenbanden zu geraten.

Die zweite Gruppe wird meistens als »Kinder von der Straße«[25] bezeichnet. Sie haben noch einen gewissen Kontakt zu ihrer Familie und stehen mit ihr in unregelmäßiger Verbindung, aber die Beziehungen sind viel schwächer als bei der ersten Gruppe. Sie tauchen nur gelegentlich zu Hause auf und verbringen den größten Teil ihrer Zeit auf den Straßen. Bei ihnen ist die Gefahr viel größer, daß der Kontakt zum Elternhaus ganz abbricht und daß sie Teil der dritten Gruppe werden.

Die dritte Gruppe umfaßt die Kinder, die ganz auf sich gestellt sind, die eigentlichen »Straßenkinder«[26] im engeren Sinn. Vielleicht sind sie von zu Hause weggerannt, weil sie mißbraucht wurden, oder sie wurden gezwungen, das Elternhaus zu verlassen, weil man dort nicht mehr für sie sorgen konnte oder wollte. Oder vielleicht waren sie auch nur angezogen worden von dem Glanz der Freiheit, einem Leben außerhalb der Kontrolle durch Erwachsene, was aufregend und abenteuerlich zu sein versprach.

Diese Kinder haben keinen Menschen, an den sie sich wenden können, nur die anderen Kinder in ihrer Straßenbande.

Manche Forscher zählen nur die Kinder dieser dritten, schlimmsten Gruppe zu den Straßenkindern. Wenn sie die weltweite Gesamtzahl solcher Kinder schätzen, kommen sie auf 10 Millionen. Diese Zahl scheint zunächst niedrig, verglichen mit den geschätzten 100 Millionen der UNICEF, aber wenn man bedenkt, daß der Staat Belgien zum Beispiel insgesamt nur so viele Einwohner hat, dann wird einem bewußt, wieviel Kinder 10 Millionen sind.

Die Straßenkinder der Welt bilden die gesamte Bevölkerung eines europäischen Landes! Eine Bevölkerung, die nur aus Kindern besteht, die kein richtiges Zuhause haben und die versuchen müssen, sich irgendwie durchzuschlagen. Würde nur ein Teil eines solchen Landes von einer Hungersnot oder einer Katastrophe bedroht, würde das schon eine Menge internationaler Anteilnahme und Hilfe auslösen. Wieviel Aufmerksamkeit wurde zum Beispiel der hungernden Bevölkerung Somalias geschenkt und den Opfern der blutigen Auseinandersetzungen in Ruanda.

So ist es jetzt auch an der Zeit, daß die politischen Führer der Erde diesem verborgenen Staat, dessen Menschen auf allen Straßen der Großstädte leben, mehr Aufmerksamkeit schenken.

Manche Leute glauben, daß man das Gegenteil erreicht, wenn man die Zahlen der bedürftigen Kinder zu hoch ansetzt. Vielleicht lösen zu hohe Zahlen bei den Menschen eher Resignation aus, als sie in Aktion zu versetzen.

Dr. Judith Ennew ist eine langjährige Forscherin und Beraterin für alle Fragen, die Straßenkinder betreffen. Sie zählt zu denen, die eine niedere Schätzung der Straßenkinder-Zahlen bevorzugt. Aber sie versucht nirgends, den Ernst der Lage herunterzuspielen:

»Die Kinder, die kein anderes Zuhause haben als die Straße, sind am wenigsten geschützt. Sie haben keine Macht und keine Rechte, keine Fürsorge, keinen Schutz, keine Ausbildung und keine Ge-

sundheit. Kinder, die keine Eltern haben, sollten den besonderen Schutz der Gemeinschaft genießen, aber die Gesellschaft hat sich bisher so gut wie immer unwillig gezeigt, diese Verantwortung auf sich zu nehmen.«[27]

Mag man sich auch darüber uneinig sein, wieviel Straßenkinder es nun wirklich gibt, so wird doch von allen bestätigt, daß ihre Zahl im Steigen begriffen ist. Wenn es der Weltbevölkerung nicht gelingt, in einer gemeinsamen Anstrengung einige der zugrundeliegenden Ursachen zu bekämpfen, so wird diese Zahl in den vor uns liegenden Jahren weiter wachsen.

»Wenn sich die derzeitigen Trends nicht verändern, wird sich die Zahl der verstoßenen Kinder bis zum Jahr 2000 verdoppeln«, warnte Irvine von World Vision.[28]

Der führende Missionsforscher David Barrett, der die »Christliche Welt-Enzyklopädie«[29] zusammengestellt hat, schätzte, daß die Gesamtzahl der Straßenkinder in den Millionenstädten bis zum Jahr 2200 auf die grausame Höhe von 800 Millionen Kindern ansteigen könnte.[30]

Zusammen mit seinem Kollegen Todd Johnson errechnete er diese alarmierende Zahl, die auf der Annahme beruht, daß die Zahl der Straßenkinder parallel zu der Zahl der Millionenstädte anwachsen wird. Barrett erklärt:

»Geschätzte Zahlen, die Aussagen über die Weltbevölkerung machen, haben nur dann einen Sinn, wenn wir durch sie hindurch das Gesamtbild sehen und erkennen, in welchem Maß die Christenheit sich ihren Aufgaben stellt und ihre Verantwortung in der Welt wahrnimmt.« [31]

»Die Einwohnerzahlen der Weltstädte haben sich in den letzten dreißig Jahren verdoppelt und werden sich voraussichtlich in den kommenden zwanzig Jahren noch einmal verdoppeln«, warnte der Generalsekretär der »Internationalen Vereinigung zur Familienplanung«,[32] Halfdan Mahler, der früher auch der Generalsekretär der Weltgesundheitsorganisation war.[33]

»Wenn man sich vorstellt, welche menschlichen Konsequenzen diese Entwicklung mit sich bringt, kann man Angst bekommen. Wie wir wissen, sind schon jetzt über eine Milliarde Menschen, das ist ein Fünftel der Weltbevölkerung, entweder ohne ein Zuhause oder sie leben unter extrem ungesunden Bedingungen.«

»Zuerst versuchen die Leute einfach nur, ihre Lebensbedingungen zu verbessern. Sie verlassen ihre ländliche Heimat, landen am Ende aber nur allzu oft in den Slums der Großstädte, wo sie schmutzig und entwurzelt versuchen zu überleben, oder sie leben als Bettler auf den Straßen der Hauptstädte. Von all den Menschen, die in die Städte gehen oder die in Städten leben, sind Kinder am verletzlichsten, sie leiden am meisten ...«

»Sie haben keinen Zugang zu einer Schule, jede Unterstützung ist ihnen verwehrt, selbst die Zuneigung und Hilfe durch die eigene Familie fehlt. Sie bilden die unterste Klasse der Bevölkerungshierarchie und haben nur sehr geringe Aussichten auf eine bessere Zukunft. Sie sind dazu verurteilt, sich mit Betrügereien, Stehlen, Prostitution und Gewalt durchzuschlagen. Sie altern vor der Zeit.«

Diese Skizze von Mahler paßt leider nur zu gut zu der Geschichte, die von der Streetworkerin Trudee Able-Peterson erzählt wird. Sie traf in New York eine achtzehnjährige Prostituierte und fragte die Teenagerin, was sie sich zum Geburtstag wünsche. Able-Peterson berichtet:

»Das war eines meiner traurigsten Erlebnisse. Das Mädchen wünschte sich ein Malbuch und Buntstifte ... Wenn man durch so harte Lebensumstände seiner Kindheit beraubt wurde, dann ist man zwar anders als andere Kinder, aber man hat doch die gleichen Bedürfnisse wie jedes andere Kind auch.«[34]

Kapitel 3

Vom Kreuzzug zur Revolution

»Schont ihn nicht, Bumble!
Und sagt auch Sowerberry,
er solle ihn in der strengsten Zucht halten!«
Oliver Twist, 5. Kapitel, Seite 28

Die andere Seite des Bahnsteigs

Wer zum ersten Mal auf den Howrah-Bahnhof in Kalkutta kommt, wird annehmen, daß hier in den nächsten Augenblicken ein Bürgerkrieg ausbricht.

Dieses riesige Bahnhofsgebäude liegt am Ufer des Flusses Hooghly, der in den Ganges fließt. Hier prallt die Leistungsfähigkeit der ersten Welt mit der Infrastruktur der dritten Welt zusammen, und das Ergebnis ist ein chaotisches Menschengetümmel.

Es gibt auch Flughäfen und Autobahnen in Indien, aber für die meisten Menschen ist die Eisenbahn das normale Transportmittel. Es sind Züge mit großen, alten Dampflokomotiven, einige der wenigen Relikte aus den Jahren der britischen Herrschaft, die immer noch funktionieren – meistens jedenfalls.

Für Reisende und Pendler ist Howrah das Herz Kalkuttas. Die Stadt hat mittlerweile mehr als neun Millionen Einwohner, und es sieht so aus, als ob die Hälfte von ihnen gleichzeitig versuchen würde, einen Zug in Howrah zu erreichen.

Manche hasten zu Zügen, die mit Verspätung losfahren, andere warten auf Züge, die nie ankommen werden. Ganze Familien kauern auf der Erde, umgeben von einigen Tüten, die ihren gesamten irdischen Besitz enthalten. Dazwischen sitzen alte Leute mit einem Blick, als würden sie hier so lange sitzen bleiben, bis sie tot sind, während dieses chaotische Treiben sich an ihnen vorbeidrängt.

Bis hinauf zu den hohen, alten Decken, die im Stil der Kolonialzeit gebaut sind, ist der Raum erfüllt mit dem Lärm unzähliger Gespräche, Rufe und auch heftiger Auseinandersetzungen, und über das ganze Gelände des sich immer mehr ausdehnenden Bahnhofs verbreiten unzählige Straßenküchen ihre verschiedenen würzigen Gerüche, die sich zu einem wunderbaren Gesamtaroma verbinden.

In diesem bunten Treiben, das während der Stoßzeiten der Pendler zu einem unerträglichen Chaos anschwillt, übersieht man leicht die Kinder, die in den Ecken des Bahnhofs hocken.

Aber wenn jemand zu einem Bahnsteig geht oder sich einer dampfenden Straßenküche nähert, dann springen sie auf ihn zu, strecken ihm ihre schmutzigen Händchen entgegen und murmeln: »Bitte, haben sie ein paar Rupien für mich, ich habe Hunger?!«

Ganze Scharen von kleinen Jungs wohnen auf diesem Bahnhof, sie schlafen an der Seite der Bahnsteige und passen immer auf, daß sie nicht den Polizisten und dem Bahnhofspersonal in die Hände fallen, die ab und zu vergeblich versuchen, alle Menschen, die sich hier niedergelassen haben, aufzuscheuchen.

Jeder Abschnitt der Bahnsteige wird von einer kleinen Straßenbande als ihr Territorium betrachtet und verteidigt. Wenn ein Junge neu am Bahnhof ankommt und sich eine Ecke aussucht, wo er betteln und leben will, muß das erst von der jeweiligen Gang akzeptiert werden. Das Aufnahmeritual ist eine große Schlägerei, alle gegen einen.

Sumir war erst sieben Jahre alt, als er zum ersten Mal nach Howrah kam. Er hatte Angst und war hungrig. »Es gab einige Probleme zu Hause«, berichtete er. »Ich liebte meine Mutter sehr. Aber eines Tages kam mein Vater nach Hause und schlug sie, bis sie starb. Ich war so entsetzt, daß ich wegrannte und nie wieder nach Hause zurückkehrte ...«

Ein Freund nahm ihn mit nach Howrah. Allmählich heilten die Wunden der großen Aufnahmeschlägerei.

Tagsüber bettelte er, genau wie viele seiner Freunde, oder er ging mit einigen anderen zusammen in die umliegende Gegend, um Lumpen zu suchen. Manchmal fanden sie ein paar Fetzen, die sie dann für einige Pfennige verkaufen konnten.

Wenn er einige Stunden so gearbeitet hatte, reichte sein Geld meistens für eine Mahlzeit, manchmal hatte er sogar noch ein paar Münzen übrig für einen anderen Jungen in der Gruppe, der nicht so erfolgreich war.

Am Abend, wenn das Getümmel etwas nachließ, war trotzdem noch einiges los. Es gab auch dann noch genug Reisende, die man um Geld bitten konnte. Und dann waren da immer die Männer, die zu den Straßenkindern kamen und den älteren Jungen Geld dafür gaben, daß sie mit ihnen in irgendeinen Schuppen hinter dem Bahnhof gingen.

Oft hörten die Kinder qualvolle Schreie aus dem Schuppen.

Verstoßene Kinder – ein altes Problem

Das Elternhaus, in dem Sumir die ersten Jahre seiner Kindheit verbrachte, erinnerte in seiner abgeblätterten Schönheit an die große Zeit vor 150 Jahren, als die indischen Fürsten noch das Land regierten ... eine Periode in der Geschichte Indiens, in der zum ersten Mal Straßenkinder in großen Scharen auftraten.

Die Zeit der Industrialisierung und der Entstehung der ersten großen Städte zog eine explosionsartige Zunahme von Kindern nach sich, die auf sich selbst gestellt waren und sich selbst versorgen mußten, verlassene, elternlose Kinder, Kinder, die weggelaufen waren oder weggeworfen wurden. Damals nahm ihre Zahl stark zu, aber es hatte sie auch vorher gegeben, es gab sie schon immer.

Schon von der ersten Familie berichtet uns die Bibel, daß ein Sohn gezwungen wurde, von zu Hause zu fliehen. Wir wissen nichts über sein Alter, aber wahrscheinlich war Kain noch ein junger Mann, als er seinen Bruder in einem Wutanfall aus Eifersucht tötete.[35] Danach war er dazu verdammt, »rastlos und ruhelos ... auf der Erde (zu) sein«.[36]

»Viele Journalisten und Leute, die mit Straßenkindern arbeiten, denken heute, daß es sich um ein neues, erst in unseren Tagen entstehendes Phänomen handele«, beobachtete Ennew zusammen mit dem ehemaligen stellvertretenden Leiter von *Streetwise*, Brian Milne.[37] »Aber in Wirklichkeit gibt es viele historische Berichte von Straßenkindern. In Zeiten sozialer Unruhen gab es immer viele entwurzelte, herumziehende Menschen, unter denen auch damals schon Kinder waren.«

Im Römischen Reich wurden unerwünschte Babys an öffentlichen Plätzen oder auf der städtischen Müllhalde ausgesetzt. Von dort haben dann andere Leute, oft Christen, die Babys geholt und zu sich genommen. Der Kirchenvater Tertullian beobachtete:

»Ihr Heiden setzt eure Kinder aus und hofft auf die Freundlichkeit der Fremden oder auf die Bereitschaft von Eltern, die besser sind als ihr, daß sie eure Kinder adoptieren.«[38]

Oft wurden Kinder »ausgesetzt«, wie man es offiziell nannte, weil sie das falsche Geschlecht hatten oder weil die Familie schon die erwünschte, angeblich optimale Größe von zwei oder drei Kindern hatte. Der bekannte Historiker John Boswell schrieb:

»Überall in Europa gab es zahllose Kinder, um die sich niemand kümmerte, von der griechischen Antike bis ins späte Mittelalter hatte sich daran nichts geändert. Die Eltern, die ihre Kinder nicht wollten, kamen aus allen sozialen Schichten und handelten aus den unterschiedlichsten Motiven heraus.«[39]

Er fuhr fort:

»Manche Eltern waren verzweifelt darüber, daß sie aus Armut oder wegen familiärer Not ihr Kind nicht ernähren konnten. Andere Eltern gaben ihr Kind aus Scham her. Sie schämten sich über den körperlichen Zustand des Kindes, wenn es verkrüppelt war, oder über seine Herkunft, wenn es in einer verbotenen, vielleicht sogar in einer Inzest-Beziehung entstanden war. Manchmal war Eigennutz oder das Wohl der älteren Kinder der Grund, warum ein Kind ausgestoßen wurde, wenn das Neugeborene in Erbfragen und in Fragen des Familienbesitzes Probleme bereitet hätte. Es gab auch Eltern, die ihr Kind mit der Hoffnung losließen, daß es von jemandem gefunden und aufgenommen würde, der materiell besser ausgestattet wäre und sozial höher stände, so daß das Kind ein besseres Leben haben könnte als in der eigenen Familie. Manche Eltern waren voller Resignation, weil ihr Kind das falsche Geschlecht hatte oder unter einem unheilvollen Vorzeichen geboren wurde, so daß sie es erst gar nicht annehmen wollten. Es gab auch kalte, herzlose Eltern, die einfach nicht willig waren, sich auf die Verantwortung einzulassen ...«

»Die europäische Gesellschaft hat in den vergangenen Jahrhunderten nicht einmal ansatzweise versucht, gegen dieses kinderfeindliche Verhalten vorzugehen. Vielmehr hatte die jeweilige Sittenlehre einer Epoche nichts dagegen, daß den Kindern ein so niedriger Stellenwert eingeräumt wurde. Dieses Verhalten wurde toleriert, und es gab lediglich bestimmte Regeln. Von den christlichen Führern und Kirchenvätern früherer Jahrhunderte kamen manch-

mal Einwände und auch Anklagen gegen Eltern, die für ihre Nachkommen nicht aufkommen wollten. Doch die Geistlichen tadelten nicht die Geringschätzung von Kindern, sondern sie redeten gegen verantwortungslose Sexualität oder gegen Pflichtvergessenheit dem Staat und der Familie gegenüber.«

»Auch unter den Schriftstellern der Vergangenheit gab es fast keinen, der von den Menschen, die ein Kind zeugten, erwartete, daß sie auch die Verantwortung für dieses Kind übernehmen. Es gab nur sehr wenige Juristen oder Literaten, die den Eltern Vorwürfe machten, wenn sie ihre Kinder aussetzten.«

Viele Babys, die ausgesetzt wurden, starben nicht auf der Straße, sondern wurden von anderen Erwachsenen gefunden und aufgenommen. Aber auch diese Erwachsenen handelten leider oft nicht aus guten Motiven heraus. »Die Kinder, die von Erwachsenen gefunden und gerettet wurden, kamen häufig in schreckliche Situationen. Sie wurden so grausam mißbraucht, daß wir, die wir heute schon sehr abgehärtet sind, diese Vorstellungen kaum ertragen können«, schrieb der Geschichtsforscher C. John Sommerville.

»Kinder wurden in die Prostitution verkauft und wuchsen zusammen mit den Kindern der Erwachsenen auf, die sie sexuell mißbrauchten.«

»Die meisten Städte am Mittelmeer hatten auch Bordelle, in denen die Körper von Knaben verkauft wurden, manchmal wurden die Jungen auch kastriert, um als geschlechtslose Prostituierte zu arbeiten. Ausgestoßene Kinder wurden zu Gladiatoren herangezogen oder vorsätzlich verstümmelt, um dann zum Betteln geschickt zu werden.«[40]

Das Mittelalter

Nachdem sich der Kinderkreuzzug von 1212 aufgelöst hatte, blieben Scharen heimatloser, entwurzelter Kinder zurück, die für sich selbst sorgen mußten.

Über dieses historische Ereignis sind nur noch wenige Einzelheiten bekannt. Tausende von Kindern waren dem Aufruf gefolgt, Jerusalem von den Moslems zu befreien. Man hatte sie glauben lassen, dies sei

Gottes Ruf an sie. Und so zogen Kinder aus allen Teilen Deutschlands und Frankreichs in die Richtung des Heiligen Landes.

Doch sie kamen niemals dort an. Ein Teil von ihnen wurde in die Sklaverei verkauft. Die übrigen vergaßen nach und nach, warum sie losgezogen waren. Es entstanden kleine Gruppen, die sich zerstreuten und ziellos umherirrten.

»Sie hatten so wenig Vorstellung von der Welt und der Reise, auf der sie sich befanden, daß sie von jeder Stadt, der sie sich auf dem Weg zum Mittelmeer näherten, vermuteten, daß dies Jerusalem sei«, schrieb Thomas Powers, der Gewinner des Pulitzerpreises, in seinem Vorwort zu einem neuen Buch, das versucht, die Ereignisse des Kinderkreuzzuges zu untersuchen.

> *»In diesem Sommer herrschte eine schreckliche Dürre in Europa, und die Kinder zogen durch Gegenden, die kurz vor einer Hungersnot standen. Europa war zum größten Teil noch nicht urbar gemacht, die Wege waren in schlechtem Zustand, und die Menschen waren nicht immer sehr freundlich«,* schreibt Powers weiter. *»Die Kinder litten entsetzlich, und viele starben unterwegs.«*[41]

Die edlen und zum Teil auch sehr naiven Absichten der jungen Kreuzritter bewahrten sie doch nicht vor mehr irdisch gesinnten Gesellen. Das untersuchte ein britischer Geistlicher des neunzehnten Jahrhunderts, Pastor George Zabriskie Gray, der sich die Mühe machte, alte Dokumente zu studieren, die sich mit den damaligen Vorgängen beschäftigten. Über seine Ergebnisse berichtete er folgendes:[42]

> *»... Dieser Armee schlossen sich auch Männer und Frauen an, die viel gemeinere Absichten hatten. Alle möglichen, in irgendeiner Form sittlich verdorbenen Leute gesellten sich zu den Kindern, weil sie sich eine leichte Beute und die Befriedigung ihrer verschiedenen, perversen Gelüste erhofften. Scharen von verstoßenen Frauen folgten dem Zug und erwarteten, daß sie an diesen Jugendlichen ihre schändlichen Pläne durchführen, sie ausrauben und ruinieren könnten. Diebe und Gauner hatten nie leichteres Spiel gehabt, und sie nutzten die Gelegenheit reichlich ...«*
>
> *»Die Kinder, die ein bißchen Geld bei sich hatten, wurden entweder beraubt oder betrogen. Selbst wenn sie nur noch etwas zu essen hatten, waren genug Schmarotzer und Diebe in dem Zug, die ihnen auch das stahlen. Diese verkommenen Männer und Frauen ließen*

ihren Lüsten freien Lauf, das lasterhafte Leben griff täglich weiter um sich, und bald waren ganze Teile des Zuges zu Orten der Sünde und der perversen Lust geworden.«

»Durch die Kämpfe zwischen den verschiedenen Gruppenleitern nahm das Chaos weiter zu. Als sich der Zug schließlich wieder in Bewegung setzte, war es nur noch ein ungeordneter, gesetzloser Haufen, ohne Leiter und ohne Disziplin. Schutzlos waren diese Kinder den Leuten ausgeliefert, die aus unterschiedlichen Gründen die Gelegenheit nutzen wollten, um sie zu belästigen, und die verrohten Barone konnten ungestraft aus ihren Festungen kommen, in diese Gruppe einfallen und so viele Kinder ergreifen und verschleppen, wie sie wollten. Sie machten sie sich zu Dienern, die unter den grausamsten, härtesten Bedingungen arbeiten mußten.«

Obwohl es also auch schon damals, auf den Straßen und Wegen der Antike und des Mittelalters, viele Kinder gab, die in großen Gefahren lebten, so hat ihre Zahl und ihre Verbreitung in den späteren Jahrhunderten doch noch erheblich zugenommen.

Von der industriellen Revolution bis heute

»Straßenkinder sind ein altes Problem in der Geschichte der Menschen«, schreibt das »Lexikon der Probleme der Welt und der Ressourcen der Menschheit« (*Encyclopaedia of World Problems and Human Potential*). »Worin sich die Probleme heute von früher unterscheiden, ist ihr Ausmaß. Heute leben in Städten wie Kalkutta wahrscheinlich so viele Straßenkinder, wie London oder New York vor hundert Jahren Einwohner hatten.«[43]

Tatsache ist, daß Straßenkinder untrennbar mit den großen menschlichen Ballungszentren verbunden sind, wo sie im Schutz und in der »Freiheit« der Anonymität leben können.

Caroline Moorhead sagte:[44]

»Straßenkinder sind eine Folge fehlgesteuerter Entwicklungen, sie sind das Ergebnis von unerträglichem sozialen Druck. Sie resultieren aus der Landflucht, aus Armut, Arbeitslosigkeit, zerrütteten Familien. Die Zahl der Straßenkinder wächst parallel zu dem Anstieg der Bevölkerungsdichte in den städtischen Ballungszen-

tren. Dort, wo die Menschenmengen in den Städten immer weiter wachsen, wo die Menschen sich in verfallenen Wohnblocks zusammendrängen, wo die Städte dem erdrückenden Gewicht der Menschen nicht mehr standhalten können, da wirkt sich der Druck zuerst auf die Kinder aus. Sie sind die ersten, die ihm nicht mehr standhalten können und auf der Straße landen. Auf dem Land gibt es keine Straßenkinder.«

So gesehen sind die »modernen« Straßenkinder eine Folge der industriellen Revolution und der Umstrukturierung der westlichen Welt. Seit zweihundert Jahren entwickeln wir uns von einer landwirtschaftlich tätigen Bevölkerung, die in kleinen Dorfgemeinschaften lebt, hin zu einer städtischen Gesellschaft, die sich in der Nähe der Fabriken und Industriezentren zusammenballt. In gewisser Weise müssen die Kinder für den Fortschritt in der Generation ihrer Eltern mitbezahlen.

Der Preis, der für sozialen und wirtschaftlichen Fortschritt gezahlt werden mußte, war in der Mitte des achtzehnten Jahrhunderts nirgendwo deutlicher zu sehen und zu spüren als in England, und besonders in London.

Ein Parlamentssprecher erkannte die schreckliche Not der Kinder, die in Armut hineingeboren wurden. Er sah die Unfähigkeit oder auch Unwilligkeit der Regierung, etwas dagegen zu unternehmen und wurde selbst aktiv. Er beschloß, einen fiktiven, romanartigen Bericht über die Lage vieler Londoner Kinder zu schreiben.

Das Buch »Oliver Twist« von Charles Dickens erschien 1838 und erntete sofort viel Lob, weil es den grausamen Alltag des Lebens auf der Straße in das Bewußtsein der Menschen brachte.

Nicht alle waren froh darüber, diese Dinge zu erfahren. Norman Page, der Dickens Schüler war und seine Biographie schrieb, berichtete, daß die junge Königin Victoria das Buch »ausgesprochen interessant« fand. Aber als sie Lord Melbourne überreden wollte, es auch zu lesen, war seine Meinung: »Ich mag solche Themen nicht. Ich möchte ihnen nach Möglichkeit aus dem Weg gehen, ich mag sie weder in Wirklichkeit noch in irgendeiner Verarbeitung.«[45]

Das Thema des »Waisenkindes« war zu der Zeit in der Literatur recht populär. Auch Victor Hugo hat in seinem klassischen Werk »Les Misérables« das Thema aufgegriffen und über verlassene Kinder in den Straßen von Paris geschrieben.

In diesem Buch kommentiert er in literarischem Stil aus zeitgenössischer Sicht die sozialen Probleme Frankreichs:

» ... in unserer jetzigen Zivilisation ist es nicht besonders ungewöhnlich, daß zerrüttete Familien alle Hoffnung aufgeben. Sie verlieren sogar das Interesse an ihren eigenen Kindern, die sie den öffentlichen Straßen überlassen ...«

»Dieser traurige Zustand hat eine eigene Redewendung hervorgebracht: ›auf die Straßen von Paris geworfen werden‹.«[46]

Bei Oliver Twist war das Kind zum ersten Mal die Hauptfigur eines großen Romans. Auch in vielen späteren Werken kam Charles Dickens immer wieder auf das Thema des armen Kindes zurück.

Die Not der Kinder und Jugendlichen, die sich in London durchschlagen müssen, rückte eineinhalb Jahrhunderte nach Oliver Twist wieder ins Zentrum der literarischen Aufmerksamkeit, als der Roman »Stone Cold« von Robert Swindell die begehrte Carnegie-Auszeichnung für das beste Kinderbuch erhielt.

»Ich empfinde eine große Dringlichkeit, auf das Problem der Obdachlosigkeit hinzuweisen«, sagte der Autor über sein Buch, in dem er von einem Serienmörder schreibt, der es auf herumstreunende Teenager abgesehen hat.[47]

»Wir sind alle füreinander verantwortlich, und wir können nicht behaupten, eine erfolgreiche Gesellschaft zu sein, solange noch Menschen auf der Straße leben müssen ...«

»Ich habe dieses Buch geschrieben, weil mir bewußt wurde, daß einige der Kinder, die jetzt mein Buch lesen werden, in zwei, drei oder vier Jahren auch auf den harten Straßen Londons schlafen werden.«[48]

Während das Buch von Charles Dickens die Waisen und die Ganoven der Städte ins Rampenlicht rückte, wuchs in einem anderen Teil der Welt das Problem der verlassenen, obdachlosen Kinder ebenfalls so stark an, daß dort der Begriff des »Straßenkindes« zum ersten Mal geprägt wurde.

In seinem Halbjahresbericht machte der New Yorker Polizeichef 1849 auf die »beklagenswerte und zunehmende Verdorbenheit« in seiner Stadt aufmerksam.

Er sprach von den »vagabundierenden, faulen und lasterhaften Kindern beiderlei Geschlechts ... die ungebildet und liderlich aufwachsen, die ein Leben in Elend, Schande und Verbrechen vor sich haben und die schließlich als Verbrecher enden werden«.[49]

»Sie haben nichts anderes zu tun, als Tag und Nacht herumzustreifen, wo immer ihre Laune sie hintreibt, und viele dieser jugendlichen Vagabunden klauen jeden Tag, wo immer sich ihnen eine Möglichkeit bietet. Nur wenn sie nicht stehlen können, betteln sie.«

»Dazu kommt, daß die Mädchen, selbst wenn sie erst acht bis zwölf Jahre alt sind, in solche Unmoral verstrickt sind, daß es ekelhaft ist, auch nur darüber zu schreiben.«

Dieser Bericht des Polizeipräsidenten war der Auslöser dafür, daß die New Yorker Kinderhilfsorganisation gegründet wurde. Pastor Charles Brace war der Gründer. Er schrieb in seinen späteren Schriften über die Probleme und Nöte des »Straßenkindes«.[50]

Als Pastor Brace die Gründung seiner neuen Organisation bekanntgab, berichtete er, daß Tausende von eingewanderten Jungen von ihren Eltern verstoßen wurden. Sie »schlafen auf Treppen, in Kellern, alten Scheunen und auf den Märkten ...«. Er fährt fort:

»Als ob es für ein einsames Kind nicht schlimm genug wäre, während der kältesten Winternächte in Kartons, unter Treppenaufgängen und in Heuhaufen zu schlafen! Aber dazu kommt noch, daß diese Kinder oft nichts zu essen haben. Von den älteren Raufbolden werden sie getreten und geschlagen, von der Polizei herumgestoßen, barfuß und in Lumpen drücken sie sich in Hauseingänge, um vor den Winterstürmen Schutz zu finden. Und über all dem lastet das Wissen, daß es in der ganzen großen Stadt nicht eine einzige Tür gibt, die sich für sie öffnen wird. Es gibt keinen Ort, wo die kleinen Herumstreuner willkommen sind. Das ist für die Kinder am schwersten zu ertragen.«[51]

Zur gleichen Zeit mußte ein irischer Medizinstudent in London mit Entsetzen entdecken, wie groß die Zahl der heimatlosen Jungen im Londoner Osten ist. Thomas Barnardo lernte den zehnjährigen Jim Jarvis kennen und fragte den Jungen, ob es außer ihm noch mehr Kinder gäbe, die kein Zuhause, keine Eltern und keinen Vormund hätten.

»Oh ja, mein Herr, viele, es gibt Massen von ihnen«, erwiderte Jarvis. Dann nahm er den Studenten mit sich und führte ihn zu einem alten Marktplatz, an dessen Seite sie auf ein altes Lagerhaus kletterten.[52]

Barnardo erzählte später:

»Dort oben auf dem Dach lag eine Gruppe von Jungen, alle schliefen kreuz und quer. Ich zählte elf von ihnen. Sie lagen mit ihren Köpfen auf der erhöhten Seite, die Füße zur Regenrinne hin. Sie lagen in so vielen verschiedenen Haltungen, wie man es sonst nur bei Hunden vor einem Feuer beobachtet, manche lagen zusammengerollt da, andere drängten sich zu zweit oder zu dritt aneinander, wieder andere lagen mehr abseits.«

»Die Lumpen, die die meisten von ihnen anhatten, hatten eigentlich kaum noch etwas mit Kleidung zu tun. Einer von ihnen war größer und könnte schon achtzehn Jahre alt gewesen sein, aber die anderen waren alle zwischen neun und vierzehn ... Mir wurde mit Schrecken bewußt, daß sie alle ohne irgendein Zuhause und völlig mittellos waren, und man mußte mit ziemlicher Gewißheit annehmen, daß sie nur ein kleiner Teil aller heimatlosen Kinder in der Stadt waren ...«[53]

So entstanden verschiedene Kinderhilfswerke, die dazu beitragen wollten, die Zahl der Kinder, die auf den Straßen lebten, zu verringern. Eine dieser Organisationen wurde von Dr. Barnardo gegründet, eine weitere von Pastor Brace. Es gab noch einige andere, unter ihnen auch die von Lord Shaftesbury gegründete »Lumpenschule« (*Ragged School Union*). Sie hatte sich zum Ziel gesetzt, den »30 000 nackten, schmutzigen, herumstreunenden, notleidenden Kindern in London«[54] eine Schulbildung zu ermöglichen.

Aber diese Organisationen hatten nicht die Kapazitäten, das Problem in den Griff zu bekommen. Es gab auch nach ihren Gründungen immer heimatlose Kinder, und in Zeiten sozialer Umwälzungen und Veränderungen wuchs ihre Zahl stets. »In diesem Jahrhundert gab es während der Depression in den USA Tausende von vagabundierenden Jungen und Mädchen«, berichteten Ennew und Milne.[55]

Dr. Jo Boyden gründete »Kinder in der Entwicklung« (*Children in Development*), ein Projekt, das sich um benachteiligte Kinder kümmert. Er zitierte Untersuchungen von 1932, die schätzen, daß sich »in den USA etwa eine halbe Million jugendlicher Landstreicher auf den Straßen und Eisenbahnschienen bewegt«.[56]

Dieses Phänomen war auch nicht auf England und die USA beschränkt. Ennew und Milne schrieben: »Entwurzelte Jugendliche zogen nach dem Ersten Weltkrieg durch Deutschland, in Italien gab es Kinder, die Landstreicher waren, und in Rußland sprach man von den ›wilden Jungs‹«.[57]

Doch obwohl es nachweislich quer durch die Geschichte Straßenkinder gab, bezweifelt doch niemand, daß ihre Zahl in den letzten Jahrzehnten, bedingt durch die zunehmende Verstädterung der Welt, durch die extrem angewachsenen Millionenstädte, durch Inflation und zusammenbrechende Wirtschaftssysteme, explosionsartig angestiegen ist.

Obwohl der Anteil heimatloser Jugendlicher im Westen stetig wächst, ist er doch verschwindend gering, verglichen mit den Scharen obdachloser Kinder in den Entwicklungsländern. Wir sollten die betroffenen Länder jedoch nicht zu kritisch beurteilen, denn in vielerlei Hinsicht holen die Länder der dritten Welt einfach nur auf und eifern uns nach.

Die italienische Parlamentsabgeordnete Susanna Agnelli war ein Mitglied des internationalen Komitees, das 1980 eingesetzt wurde, um die Probleme der Straßenkinder zu erfoschen. Dies geschah im Auftrag der unabhängigen Kommission für internationale Menschenrechtsfragen.[58] Agnelli schrieb in dem Bericht des Komitees:

»Die Ähnlichkeit zwischen den Straßenkindern der Vergangenheit und denen unserer Tage wird dann verständlich, wenn man sich bewußtmacht, daß die Prozesse, die in der dritten Welt heute durchlaufen werden, eine Fortsetzung der Umwälzungen sind, die im achtzehnten Jahrhundert in England begannen.«

»Die Ausläufer der industriellen Revolution haben jetzt erst die entlegenen Gegenden in Ländern wie Mexiko und Bangladesch erreicht. Ist es nicht genau das westliche Verständnis von ›Fortschritt‹, das dazu führte, daß so viele Kinder an den Rand der Gesellschaft gedrängt wurden? Dann hat der Westen wenig Recht, diesen Ländern Vorhaltungen zu machen, wenn sie die Folgen der Industrialisierung nach westlichem Vorbild nicht im Griff haben.«[59]

Finanzielle und soziale Verarmung sind dafür verantwortlich, daß in den letzten Jahren die Straßenkinder weltweit einen sehr schnell wachsenden Bevölkerungsanteil bilden. Der Junge, der irgendwo in Manila den reichen Leuten die Schuhe putzt, kommt wahrscheinlich aus einer engen Hütte in den Slums, in der seine Familie lebt, die nicht genug Geld verdienen kann, um sich satt essen zu können. Der Vater ertränkt seine Probleme in Alkohol und läßt dann die ganze Verzweiflung an der Frau und den Kindern aus.

Die Teenagerin, die am Hauptbahnhof in Frankfurt bettelt, hatte zu Hause in der Vorstadt ein eigenes Zimmer, das wahrscheinlich größer war als die ganze Hütte der Familie in Manila. Sie hatte ihr eigenes Fernsehgerät und mehr Kleidung, als in ihren Schrank paßte.

Ihre Eltern mußten viel arbeiten und hatten kaum Zeit für das Mädchen. Als die Freunde anfingen, leichte Drogen zu nehmen, war das eine willkommene Abwechslung. Aber was damals Spielerei war, ist jetzt zur Sucht geworden ...

Es gibt verschiedene Gründe in den verschiedenen Erdteilen, warum aus Kindern Straßenkinder werden, und sie leben auch auf der Straße in verschiedenen Welten, je nachdem, ob sie in einem Entwicklungsland oder in einer Industrienation leben. Aber Susanna Agnelli hat festgestellt, daß sie trotzdem

»... viele Dinge gemeinsam haben«.

»Alle Kinder auf der Straße, egal wo sie leben, sind Opfer von Problemen in ihren Familien. Während sich auf der nördlichen Halbkugel die Familienstrukturen auflösen, die überkommenen Werte aufgegeben werden, hohe Auswanderungsraten und der wirtschaftliche Niedergang der Nachbarländer dazukommen, wächst im Süden der Intellektualismus, und so werden die Unterschiede zwischen den verschiedenen Straßen und Städten auf verschiedenen Kontinenten immer mehr verschwimmen.«[60]

Kapitel 4

Die Kunst, auf der Straße zu überleben

»Die Straßen und Gassen, durch welche Oliver geführt wurde, waren abscheulich und wurden immer abscheulicher, und was er in den offenstehenden Läden und Gasthäusern sah und hörte, erfüllte ihn mit Schaudern.«
Oliver Twist, 6. Kapitel, Seite 34

Im Schatten Hollywoods

Auf einem fleckigen Stück Pappe stand mit ungleichmäßigen Buchstaben: »Dies ist mein Zuhause«. Es hing über einer schmutzigen, zerfetzten Matratze, die sich in die Ecke drängte, wo das schräg ansteigende Flußufer mit der Rundung der Brücke zusammentraf.

Der Lärm der Autos, die über die Brücke rasten, erfüllte die Abendluft. Es war eine der Hauptstraßen nach Hollywood. In wenigen Augenblicken würden die Menschen, die über diese Brücke fuhren, auf dem neonhellen Hollywood Boulevard sein.

Auf der Matratze lag ein Teenager-Mädchen, sie mochte etwa fünfzehn Jahre alt sein. Sie hatte ihre dünnen, schmutzigen Arme über die Augen gelegt, um sie vor dem Licht zu schützen, das aus Los Angeles herüberschien und ihr Lager beleuchtete. Die Stadt war so nahe, daß es nie dunkel wurde unter der Brücke.

Sie lebte nicht alleine hier. Aus alten Tüten und Verpackungen waren noch mehrere Lager gebaut worden, in denen einige Teenager, auch ältere, stark tätowierte Männer hausten. Die meisten von ihnen waren gerade unterwegs.

Nur ein älterer Mann saß am Flußufer. Er war in den Sechzigern. Trotzdem es eine warme Nacht war, hatte er seinen schweren Mantel dicht um seinen mageren Körper geschlungen. Er starrte aufs Wasser und redete laut mit sich selbst.

Davon steht nichts in den Reiseprospekten

»Hier wohne ich«, erklärte mir Michael und zeigte auf den Handwagen, den er hinter sich herzog. Es war nicht mehr als eine rauhe, schnell zusammengenagelte Holzkiste auf Rädern.

Tagsüber zog er mit seinem Wagen durch Malati, die vornehme Touristengegend Manilas, wo er Altkleider sammelte, um sie einem »Onkel« zu verkaufen, der damit weiter Handel trieb. Nachts legte er den Wagen auf die Seite und rollte sich darin zusammen.

»Wenn es kalt ist oder wenn es regnet, ist es nicht so gut«, räumte der Zwölfjährige ein. Aber wenigstens die sanitären Anlagen waren kein Problem, denn nur ein paar Schritte von der Hauptstraße entfernt war die Bucht von Manila, wo er sich waschen konnte.

Obwohl man in den meisten großen Städten der Welt nicht lange suchen muß, bis man die Straßenkinder findet, sind sie trotzdem noch eine weitgehend unbekannte Bevölkerungsschicht. Da man sie nicht kennt, ist es nicht verwunderlich, daß man sie auch nicht versteht und falsch über sie redet.

Obwohl selbst die vorsichtigsten Schätzungen von Millionen ausgehen, wurde diese soziale Gruppe bisher erst flüchtig wahrgenommen und ist noch gar nicht wirklich erforscht worden. In gewisser Weise ist das leicht zu erklären, denn diese Gruppe lebt ganz am Rande der Gesellschaft, wo es nicht schwer ist, sie zu übersehen und zu ignorieren.

Doch die Regierungen und verschiedene Wohlfahrtsorganisationen haben angefangen, sich mit dieser Situation zu befassen, und einige Berichte sind angefertigt worden, die mehr in die Tiefe gehen und aus denen wir einige Einzelheiten über das Leben der Straßenkinder erfahren können.

Geheime Rangordnungen

Eine der gründlichsten Studien, die jemals durchgeführt wurden, hat Lewis Aptekar von der San-José-State-Universität geleitet. Er verbrachte Monate damit, die einzelnen Mitglieder einer Gruppe von

Straßenkindern kennenzulernen, zu verstehen und ihre Geschichten systematisch zu dokumentieren. Es waren Kinder aus Kali, einer großen Stadt in Kolumbien.[61]

Seine Forschung ergab, daß es innerhalb der Straßenkinder-Szene klar abgegrenzte Gruppen gibt, die von außen nicht wahrgenommen werden.

Die jüngeren Kinder, die noch vor der Pubertät sind, schließen sich in kleinen Gruppen zusammen, die sich *camadas* nennen. Das sind jeweils zwei oder drei Kinder, die Freunde geworden sind. Die älteren Kinder bilden andere Gruppen, die *galladas* heißen. Galladas sind größere Gruppen, die sich zusammengetan haben, weil sie auf die gleiche Weise versuchen, Geld zu verdienen, entweder durch Verbrechen oder durch »kleine Geschäfte«.

Ein anderer wichtiger Unterschied zwischen den Kindern der verschiedenen Altersgruppen entsteht dadurch, daß die Erwachsenen verschieden auf sie reagieren.

»Es hat einen großen Einfluß auf die Kinder, wie sie von der Öffentlichkeit wahrgenommen werden«, hat Lewis Aptekar beobachtet.

»In den Augen der Erwachsenen haben die Kinder ein bestimmtes Image, je nachdem, wie alt und wie groß sie sind und wie sie sich verhalten. Davon hängt die Meinung der Leute ab, wenn sie die Kinder sehen, und so bildet sich die Öffentlichkeit ihr moralisches Urteil über die Kinder. Doch das Denken der Erwachsenen spielt eine lebenswichtige Rolle für die Kinder.«

»Die kleinen Kinder zum Beispiel sehen für die meisten Erwachsenen ›süß‹ aus. Aber wenn die Kinder in die Pubertät kommen und sich körperlich entwickeln, wandelt sich die Meinung der Öffentlichkeit, und dann werden sie als ›Verbrecher‹ bezeichnet.«[62]

Dieses moralische Urteil wird noch zusätzlich verstärkt, wenn sich die Jungen die Köpfe kahlrasieren, was viele tun, um keine Läuse zu bekommen. Wenn die kleinen Jungs kahle Köpfchen haben, sehen sie noch niedlicher aus, aber die älteren Jungen wirken mit ihren Glatzen noch gewalttätiger.

Weiter hat Lewis Aptekar noch ein anderes Kriterium gefunden, nach dem die Kinder sich in zwei Gruppen teilen. Auf der einen Seite sind die echten *gamines*, was auf französisch »Bengel« bedeutet und in Kolumbien allgemein zu Straßenkindern gesagt wird. Im Gegensatz zu ihnen gibt es noch die *chupagruesos*. Mit diesem Wort beschreibt man eine Person, die von einer anderen abhängig ist.

»Der echte ›Gamine‹ ... hat sich freiwillig dazu entschlossen, sein Elternhaus zu verlassen. Er hat auf den Austausch von elterlichem Schutz gegen kindliche Verpflichtungen verzichtet und die Freiheit von jeder Autorität vorgezogen, auch für den Preis, damit völlig schutzlos zu sein.«

»Das andere ... (Kind) ist mehr ein Opfer der Umstände. Ihm fehlt das stolze Bewußtsein seiner Unabhängigkeit, das den ›Gamine‹ auszeichnet. ›Chupagruesos‹ haben sich nicht selbst entschieden, ihre Familien zu verlassen, und sie mußten lernen, daß sie auf der Straße nur dann überleben können, wenn sie sich den Starken unterwerfen.«[63]

Lewis Aptekar hat die Nöte und Risiken festgehalten, die den Alltag der Kinder bestimmen: das Einatmen von Lösungsmitteln, Gewalt von Erwachsenen und die Sorge um einen sicheren Schlafplatz. Und doch kam er bei seinen psychologischen Tests und Beobachtungen zu dem Schluß, daß »die meisten Kinder ihrer Situation entsprechend angemessen leben, wenn man ihre armen Lebensumstände in einem armen Land berücksichtigt ... sie haben ihr Leben viel besser im Griff, als das die Öffentlichkeit und die Medien bisher vermutet haben.«[64]

Im Verlauf seiner Untersuchungen hat Aptekar auch feststellen müssen, daß die Kinder ihre persönliche Lebensgeschichte sehr flexibel den jeweiligen Umständen anpassen. Antworten auf Fragen, wie es dazu kam, daß sie ihr Elternhaus verlassen haben, wie sie sich jetzt durchschlagen, was sie tun, um so zu überleben, all diese Aussagen ändern sich ständig, je nachdem, was in der jeweiligen Situation am günstigsten klingen mag.

Indonesien: Gezielt eingesetzte Armut

Bei einer anderen Untersuchung, die in Senem, einem Markt in der Stadtmitte Jakartas durchgeführt wurde, kamen ähnliche Ergebnisse zutage. Es ist ein Verhalten, das die Straßenkinder gelernt haben, um zu überleben. Sie versuchen mit allen Mitteln, aus jeder Situation für sich einen Vorteil herauszuziehen.

Die Kinder in Jakarta schlagen sich durch, indem sie halbverdorbenes Gemüse sammeln und wiederverkaufen, durch das Sammeln von

Müll, der wiederverwertbar ist, mit dem schnellen Waschen der Fensterscheiben, während die Autos vor roten Ampeln stehen, und indem sie Regenschirme vermieten, wobei die Hälfte des Geldes dann an den Besitzer des Regenschirms geht. Und wenn das alles nichts bringt, betteln sie.

Ältere Kinder, die keine kleinen Geschwister haben, um mit ihnen das Mitleid der Passanten zu wecken, haben es schwer, wenn sie betteln müssen. Sie müssen fast aggressiv sein und die Erwachsenen sehr belästigen, bevor sie Geld bekommen. Aber die Kleinen gewinnen leicht die Herzen der Menschen.

> *»Der bloße Anblick ihrer unschuldigen, süßen Gesichter reicht oft schon aus, ... um die Menschen so zu berühren, daß sie ihnen etwas schenken.«*[65]

Die Schwestern Sugi, Nadewi, Inade und Dita nahmen abwechselnd ihre kleine Schwester Tini mit, die erst drei Jahre alt war, um mit ihr zu betteln.

> *»(Das kleine Mädchen) sah überaus mitleiderregend aus. Sie war ausgesprochen dünn, hatte dunkle, rauhe Haut, war schmutzig, voller Hitzepickelchen, mit verfilzten, dünnen, rötlichen Haaren. Man sah ihr an, daß sie unter ununterbrochenem Sonnenbrand litt.«*

> *»Tini sah genau so aus, wie man sich ein ausgestoßenes, verwahrlostes kleines Kind vorstellte. Meistens wurde ihr nichts angezogen, oder sie hatte nur ein Höschen an. Sugi oder eine der anderen Schwestern, die gerade mit Betteln dran war, legte Tini einfach in der prallen Sonne auf den Asphalt. Sie achtete darauf, daß Tini so dalag, daß sie schon von weitem auffiel. Sie selbst setzte sich dann neben die Kleine und streckte den Passanten ihre bettelnden Hände entgegen.«*

> *»Um das Mitleid der Leute zu wecken, brachten die älteren Schwestern Tini immer wieder zum Weinen, indem sie die Kleine zwickten, an den Haaren zogen, sie schlugen oder sie herumzerrten ...«*[66]

Aus derselben Studie ging hervor, daß mehr als 60 Prozent der befragten Kinder während des ersten oder zweiten Jahres auf der Straße auch zum ersten Mal mit Drogen in Berührung kamen. Am häufigsten nahmen sie Tabletten und Alkohol, um neuen Mut zu bekommen und um ihre Probleme für eine kurze Zeit zu vergessen.

Paraguay: Zerbrechliche Sicherheit

Auch in Asunción in Paraguay[67] wurde die Situation der Straßenkinder studiert, und eine Befragung ergab, daß jedes fünfte Kind neun oder mehr Stunden täglich arbeiten muß, so daß viele schon allein aus Zeitgründen keine Schule besuchen können.

Es gibt verschiedene Arten von Arbeit, je nachdem, wie alt die Kinder sind. Die kleinsten Jungen betteln und bewachen Autos, denn für diese Aufgaben muß man am wenigsten können. Die älteren Jungen steigen dann zu besseren Tätigkeiten auf, die etwas mehr Fähigkeiten voraussetzen. Sie schieben die Handwägen der Marktfrauen und verkaufen Zeitungen und verschiedene Kleinigkeiten an Autofahrer, die vor roten Ampeln oder im Stau stehen. Dafür müssen sie sich zwischen den Autos bewegen, die plötzlich weiterfahren können – eine gefährliche Arbeit!

Die lokalen Zeitungen berichten regelmäßig von tödlichen Unfällen. Oft haben die Kinder genau für die Zeitung gearbeitet, in der dann über ihren Tod geschrieben wird. Trotz der hohen Risiken ist diese Arbeit unter den Kindern besonders beliebt.

Auf die Frage, warum sie arbeiten, sagten 64 Prozent, daß sie arbeiten müssen, um das Familieneinkommen aufzubessern. 10 Prozent arbeiten nur für sich selbst, ohne irgendwelche Angehörigen zu unterstützen. Das durchschnittliche Tageseinkommen ergab nach dieser Umfrage weniger als ein englisches Pfund, was etwa einem Viertel des Mindestlohns in Paraguay entspricht.

»Während sich die wirtschaftliche Lage verschlechterte«, so lesen wir in dem Bericht, »hat sich die Situation der Straßenkinder doppelt verschlimmert: ... Wie auch die übrige Bevölkerung sind sie davon betroffen, daß die Kaufkraft ihres mühsam verdienten Geldes allmählich nachgelassen hat. Aber die Gegenmaßnahmen der Wirtschaft, die steigenden Gehälter und Verkaufspreise kommen den Kindern fast gar nicht zugute.«[68]

Diese Studie kommt zu einem anderen Ergebnis als Aptekar. Sie stellt fest, daß die Trennung von der Familie »... in den Kindern ein emotionales Vakuum« schafft. Weiter lesen wir: »Das Kind fühlt sich im Alltag wahrscheinlich sicher und erweckt den Eindruck, daß es alles habe, was es braucht. Aber sobald es einem ernsten Problem gegenübersteht ... bricht die Selbstsicherheit zusammen. Diese Sicherheit war nur eine Form der Verteidigung. Doch in einer schwierigen Situation tritt die Empfindsamkeit und Verletzlichkeit einer Kinder- oder Jugendseele zutage, die schon viele Wunden davongetragen hat und voll ungestillter Bedürfnisse ist.«

Auf den Philippinen: Straßenkinder wenden sich an die Öffentlichkeit

Außerhalb Südamerikas sind die Philippinen das Land mit der höchsten Anzahl an Straßenkindern. Als in zehn philippinischen Städten eine Untersuchung durchgeführt wurde, trat auch dort das gleiche Ergebnis zutage: In den scheinbar so abgehärteten Jugendlichen, die auf den Straßen leben, stecken verletzte und verletzliche Kinder. Von den befragten Kindern in einer Stadt sagte ein Drittel, daß sie gerne reich wären und »Millionäre werden« möchten. In einer anderen Stadt wünschte sich ein Drittel der Kinder, einen richtigen Beruf zu haben. Dabei haben die meisten von ihnen keine Schule abgeschlossen.[69]

Diese Studien, die hier vorgestellt wurden, hatten das Ziel, den Blick zu schärfen für die Einzelschicksale, aus denen sich das Problem der Millionen von Straßenkindern zusammensetzt. Aber es gab auch einige wenige Gelegenheiten, bei denen die einzelnen Kinder selbst zu Wort gekommen sind.

Im Mai 1990 kamen etwa hundert Straßenkinder aus den verschiedenen Teilen Manilas zusammen. Sie trafen sich auf dem Gelände des Don-Bosco-Kirchenzentrums im Stadtteil Makati.

Die Kinder waren eingeladen worden, an dem dreitägigen Kongreß teilzunehmen, wo sie zusammen mit Regierungsmitgliedern und Sozialarbeitern über ihre Situation und die Programme reden durften, die zu ihrer Unterstützung angeboten wurden. In einem offenen Brief an die Kinder Manilas sagten sie:

»Wir gehen alle nicht mehr zur Schule, viele von uns haben noch nie eine Schule besucht. Wir ziehen von einem Haus in das nächste, manche von uns schlafen auf der Straße. Einige von uns wohnen in Handwagen, andere schlafen in alten, kaputten Bussen. Unsere Kleider sind manchmal zerfetzt ... Manchmal holen wir uns von der Müllkippe etwas zu essen.«

»Manchmal betteln wir um Essen. Es gibt auch Zeiten, wenn wir gar nichts zu essen haben. Wir verkaufen Sachen, wir betteln, wir stehlen, wir leihen uns Sachen, wir tun alles, um uns irgendwie am Leben zu erhalten. Wir werden von unseren Eltern geprügelt, die ständig miteinander streiten. Einige von uns wurden von ihren Eltern verstoßen … einige wurden verkauft … die Polizei verhaftet uns ohne Grund … manchmal schlagen uns Polizisten und zwingen uns, Verbrechen zu gestehen, die wir gar nicht getan haben.«[70]

Später im gleichen Jahr kamen in Brasilien zum zweiten Mal die Straßenkinder von Rio de Janeiro zusammen. Fünftausend Kinder zogen durch die Stadt und protestierten gegen die Gewalt, die sich gegen sie richtet. Eines der Kinder trug ein großes Kreuz, auf dem »gekreuzigt« stand.

USA und Großbritannien: Weggelaufene Jugendliche in Gefahr

Die Jugendlichen, die man in den westlichen Ländern auf den Straßen antrifft, sind im allgemeinen etwas älter als ihre Leidensgenossen in der dritten Welt. Es gibt im Westen kaum Straßenkinder, die unter zehn Jahren sind, und hier sind die meisten Kinder von zu Hause weggelaufen.

In den USA lebten 1990 schätzungsweise eine Million Kinder zwischen acht und siebzehn Jahren auf der Straße. Zu diesem Ergebnis kam die Journalistin für Jugendfragen, Ellen Switzer.[71]

Patricia Connors ist die geschäftsführende Direktorin des gebührenfreien Krisentelefondienstes *Niteline*, der von dem Zentrum für weggelaufene Jugendliche, *Covenant House,* gegründet wurde. Über die Situation in den USA sagt sie:

»88 Prozent der Straßenkinder sind von zu Hause weggelaufen, 11 Prozent sind obdachlos …«

»Kinder, die weggelaufen sind, können auch jünger sein. Aber 47 Prozent der Straßenkinder sind fünfzehn oder sechzehn Jahre alt. 57 Prozent sind Mädchen. 69 Prozent der Kinder sind Weiße, der Anteil der schwarzen Kinder ist nur 17 Prozent, spanisch sind nur 8 Prozent, und nur 6 Prozent sind indianischer oder asiatischer

Abstammung. Auch indianische und asiatische Kinder laufen von zu Hause weg, aber viel, viel seltener als weiße Kinder.«[72]

In England wurden in sechs Großstädten »sichere Häuser« (*safe houses*) eingerichtet, ein Angebot der »Gesellschaft für Kinder« (*Children's Society*) für englische Straßenkinder. Schätzungsweise laufen in England jährlich 100 000 Kinder von zu Hause weg.

Die meisten sind vor »unerträglichem Mißbrauch, Verwahrlosung und Ablehnung« geflohen, hat der Direktor der Gesellschaft für Kinder, Ian Sparks, festgestellt. Solange sie jünger als sechzehn sind, fallen sie nicht unter die unabhängige staatliche Fürsorge und sind somit in einer besonders hilflosen Situation. Die soziale Gesetzgebung läßt sie in dieser »extrem gefährlichen« Lage allein.[73]

Eine landesweite Untersuchung in Großbritannien 1994/95 hat ergeben, daß jedes siebte Kind, das auf der Straße lebt, schon mindestens einmal seinen Körper verkauft hat, um sich durchzuschlagen, und mehr als ein Viertel der Befragten wurde, seit es auf der Straße lebt, körperlich oder seelisch mißbraucht.[74]

Die wenigen Statistiken der umfassenden, landesbezogenen Studien, die es heute gibt, können nur die nackten Tatsachen eines Lebens auf der Straße dokumentieren. Aber die gesammelten Erfahrungen derer, die mit und unter den Kindern arbeiten, sollen dieses Bild ergänzen. So versuchen wir, ein Porträt von der Persönlichkeit des Straßenkindes zu skizzieren.

Mit den Beobachtungen und Erkenntnissen von Männern und Frauen aus vier Kontinenten ist es möglich, dem Straßenkind ein etwas »menschlicheres« Gesicht zu verleihen.

1. Straßenkinder in Entwicklungsländern

Sie kommen aus Familien, in denen das nackte Überleben so schwer ist, daß keine Kraft mehr bleibt für Zuneigung oder gemeinsam verbrachte Zeit. Selbst wenn die Eltern dies wollten, sie müssen ihre ganze Energie in den Kampf ums Überleben der Familie investieren.

In vielen Familien gibt es auch Stiefbrüder und Stiefschwestern, die in erster Linie Konkurrenten sind, wenn es um die karge tägliche Lebensmittelration geht. Das Gefühl, Teil einer Familie zu sein, kommt kaum auf. Der Mann der Mutter ist oft nicht der Vater der Kinder, und er ist selten bereit, diese Verantwortung auf sich zu nehmen. Wenn er wieder zu viel getrunken hat, können die giftigen Worte auch in handfeste Aggressionen umschlagen, und die enge Hütte, in der die ganze Familie in einem Raum zusammenlebt, ist kein angenehmer Aufenthaltsort.

Die Kinder werden auf die Straßen geschickt, um ihren Beitrag zum Unterhalt der Familie aufzutreiben, und es interessiert in der engen Hütte niemanden, wie viele Stunden sie unterwegs sind, um ein paar Pfennige zurückzubringen. Wenn sie ihre Familie verlassen, werden sie kaum vermißt. Oft ist den Kindern eine unsichere Zukunft lieber als die traurige Gegenwart.

Sie essen alles, was sie finden können. Auch wenn sie nicht immer einen leeren Magen haben, sind sie doch unterernährt. Das kupferfarbene Haar des dunkelhäutigen, mageren Latinos sieht zwar hübsch aus, aber es ist ein sicherer Hinweis darauf, daß er stark unter Vitaminmangel leidet.

Essen ist jeden Tag aufs neue das dringendste Bedürfnis. Wenn sie Geld ergattert haben, können sie von einem Straßenhändler oder vielleicht auch von einem Fast-food-Restaurant etwas zu essen kaufen.

Wenn das Geld nicht reicht, um satt zu werden, durchwühlen sie die Mülleimer. Auch die Hintereingänge mancher Restaurants sind interessant, wenn dort am Ende der Nacht die Abfälle vor die Tür geworfen werden. Und in den Lebensmittelläden stehlen die Kinder alles, was sie unauffällig mitnehmen können.

Sie schlafen, wo sie sich am sichersten fühlen. Am besten sind die Kinder dran, die einen dauerhaften Schlafplatz haben, den die meisten anderen Kinder nicht kennen, wie zum Beispiel ein verfallenes Haus oder einen überdachten Hof, dessen Seitenwände einen unentdeckten Durchlaß haben, durch den sie sich im Dunkeln hineinschleichen können.

Die Eingänge von Geschäften, von Eisenbahn- und Busbahnhöfen bieten zumindest einen gewissen Schutz. Wenn die Kinder dann noch eine Decke haben, in die sie sich wickeln können, ist es sogar halbwegs warm. Aber wenn die Kinder in solchen öffentlichen Ecken die Nacht verbringen, können sie nicht tief schlafen, weil sie ständig von

Geräuschen gestört werden und auch auf alle möglichen Gefahren achten müssen.

Wenn die Kinder für die Nacht nur einen schlechten Platz haben, dann können sie auch am Tag noch Schlaf nachholen. Bei Tageslicht sind sie auch sicherer, vor allem wenn sie mit mehreren Kindern zusammen sind und sich in der Nähe eines öffentlichen Platzes hinlegen, wo genug Menschen sind, die ihnen ein wenig Sicherheit geben.

Wenn sie am Tag schlafen, brauchen sie einen Platz, wo keine Passanten über sie stolpern. Deshalb legen sich manche Kinder auf das Dach von Bushaltestellen. An kalten Tagen schlafen die Kinder gerne auf den Gittern der Entlüftungsschächte von U-Bahnen und Kellern, aus denen die warme Luft herausgeblasen wird.

Sollten sie das Glück haben, ein Paar Schuhe zu besitzen, dann werden sie diese zum Schlafen unter ihren Kopf legen, damit sie es spüren, wenn jemand versucht, ihre Schuhe zu stehlen. Alle anderen Dinge, die sie besitzen, drücken sie im Schlaf mit beiden Armen gegen den Körper. Wenn sie ein paar Münzen haben, stecken sie diese zum Schlafen in den Mund.

Sie verdienen Geld auf jede mögliche Art und Weise. Sie passen auf parkende Autos auf und arbeiten als Gepäckträger. An Verkehrsampeln und auf öffentlichen Plätzen verkaufen sie Lebensmittel, Haarbürsten, Zeitungen, Streichhölzer und Plastiktüten. Sie sammeln Papier und Lumpen, um sie weiterzuverkaufen, und sie putzen Schuhe.

Betteln ist sinnvoll, wenn sie ein kleines Kind an ihrer Seite haben, das ein niedliches, trauriges Gesicht hat. Wenn auf der Hand, die sie den Passanten bettelnd entgegenstrecken, Spucke ist, legen die Leute oft eiliger etwas hinein, manchmal geben sie dann in ihrer Eile auch mehr, als sie eigentlich wollten.

Manchmal gelingt es den Kindern, an der Endstation in einen leeren Zug oder Bus zu schlüpfen. Dann suchen sie unter den Sitzen nach heruntergefallenen Münzen oder verlorenem Essen. Auch große Hallen und Stadien durchsuchen sie gern nach einer Veranstaltung, wenn sie hineinkommen können.

Zum Teil sind die Kinder sehr kreativ auf ihrer täglichen Suche nach ein bißchen Geld. Aber wenn sie etwas entdeckt haben, was sich wirklich lohnt, müssen sie damit rechnen, daß die Erwachsenen bald diese Quelle kontrollieren und Gewinnbeteiligung verlangen.

Gelingt es den Kindern nicht, regelmäßig genug Geld zu verdienen oder zu finden, dann bleiben ihnen nur noch die verbotenen Möglichkeiten, mit höherem Risiko schneller an Geld heranzukommen. Manche reißen den Passanten die Handtaschen weg oder reißen ihnen den Schmuck vom Hals, von der Jacke oder den Handgelenken. Und manche leben davon, als Taschendiebe zu Geld zu kommen.

Und zuletzt haben die Kinder auch noch die Möglichkeit, für Sex Geld zu bekommen. Sie sind einverstanden mit ungeschütztem Geschlechtsverkehr, mit homosexuellen Praktiken, sie gehen mit auf Hotel- und Motelzimmer, sie verkaufen ihre Körper auf dem Rücksitz eines Wagens oder in einer dunklen Seitenstraße, während ein zweites Kind aufpaßt, daß niemand vorbeikommt.

Sie werden krank und bleiben krank. Die Kinder können sich oft nur am städtischen Springbrunnen oder am Fluß waschen. Auch wenn sie ab und zu in einem Asyl oder einem Obdachlosenheim baden können, hilft das nicht gegen die Läuse.

Sobald die Kinder auf der Straße leben, ist die ganze Haut sehr schnell mit einer schmierigen Schmutzschicht bedeckt. Dazu kommt der Dreck, den die Autos erzeugen, und der sich ölig auf die Füße und Unterschenkel legt. Die Kinder riechen unangenehm, aber wenn ein Erwachsener sie festhalten will, können sie sich dank ihrer öligen Haut leicht aus seinem Griff herauswinden.

Bei manchen Kindern wird die Haut trocken und rissig, weil sie keine Pflege bekommt und all den Schmutz nicht verträgt.

Die Zähne gehen kaputt. Schnitt- und Schürfwunden ziehen sich die Kinder jeden Tag zu, und meistens achten sie überhaupt nicht darauf. So gibt es viele Entzündungen. Aber selbst wenn die Verletzungen gefährlich sind, ist in der Regel kein Krankenhaus bereit, die Kinder zu behandeln.

Was bleibt, ist die Erste Hilfe durch ein anderes Kind oder vielleicht auch eine Behandlung in einem freundlichen Büro einer Hilfsorganisation.

Und schließlich bekommen die Kinder auch alle Krankheiten, die durch Geschlechtsverkehr übertragen werden. Auch Aids bekommen sie auf diesem Weg.

Sie sehen andere Leute, vor allem Erwachsene, mit einer Mischung aus Mißtrauen und Opportunismus.

Vor Polizisten, Wachpersonal und Händlern nehmen sich die Kinder lieber in acht. Wenn diese Erwachsenen erst einmal ihre Gesichter kennen, ist die Wahrscheinlichkeit höher, daß sie die Kinder für alles mögliche verantwortlich machen, was in der Gegend schiefläuft.

Aber manchmal begegnen sie auch anderen Erwachsenen, die Interesse an ihnen zeigen. Von ihnen bekommen die Kinder gelegentlich Geld oder Essen. Mit Touristen machen die meisten Straßenkinder gute Erfahrungen. Die Fremden sind meistens entsetzt, wenn sie mit dieser Armut konfrontiert werden und geben dann bereitwillig ein paar Münzen. Im Gegensatz dazu sind die Einheimischen an den Anblick der Kinder gewöhnt. Sie versuchen einfach, die Kinder nicht wahrzunehmen.

Sie kümmern sich nur um wenige andere Kinder. Die Gruppe, der sie sich anschließen, übernimmt die Rolle einer erweiterten Ersatzfamilie. Die Kinder halten zusammen, sie kennen Gefühle wie Treue und Liebe, obwohl sie in ihrer Ausdrucksform rauh und derb sind. Zu ihrer Gruppe fühlen sie sich zugehörig, und sie hoffen, im Notfall auch von ihren Freunden verteidigt zu werden.

Gleichzeitig ist es ihnen sehr wichtig, von den anderen Kindern in der Gruppe respektiert zu werden. Kleine Meinungsverschiedenheiten können schon ausreichen, um eine handfeste Schlägerei vom Zaun zu brechen. Zuneigung drücken die Kinder untereinander mit spielerischen Tritten, Stößen und Schlägen aus.

Sie verbringen ihre Zeit sehr verschieden, entsprechend den Extremen, in denen sich ihr Leben abspielt. Einerseits sind sie Kinder, andererseits müssen sie die volle Verantwortung für ihr Leben tragen.

Als Kinder spielen sie im Park Fußball oder albern am Straßenrand herum. Sie schleichen sich ins Kino, um den neuesten Film zu sehen. Sie lesen ein Comicheft, das sie gestohlen haben, oder schauen sich zumindest die Bilder an, wenn sie nicht lesen können. Oder sie hören Musik aus einem gestohlenen Radio.

Als Erwachsene atmen sie in tiefen Zügen ein Verdünnungsmittel ein und schnüffeln Klebstoff. Auch Nagellack oder Schreibmaschinen-

Korrektur-Flüssigkeit haben ihre Wirkung. Es kommt nur darauf an, was sie gerade am leichtesten stehlen können. Oder sie trinken Alkohol. Wenn sie sich satt essen konnten und von den Drogen benommen sind, dann schlafen sie miteinander. Manchmal hat der Anführer einer Gruppe ein festes Mädchen, aber alle anderen Mädchen werden herumgereicht.

Sie mögen die Gegenwart, aber sie wollen eine andere Zukunft. Auf den Straßen sind sie ihr eigener Herr. Sie können tun, was sie wollen und wann sie es wollen. Niemand kann ihnen etwas verbieten. Wenn sie noch Eltern haben, zu denen sie nachts zurückkehren, werden ihnen nicht viele Fragen gestellt. Hauptsache, sie bringen das mit nach Hause, was die Familie von ihnen erwartet.

Aber wenn sie älter sind, wollen sie ein anderes Leben haben. Sie wollen ein Zuhause, einen Partner und eine Familie.

Und sie wollen eine gute Arbeit und viel, viel Geld. Auch wenn sie die Schule nicht abgeschlossen haben. Es ist ihnen nicht bewußt, daß ihre schlechte Ernährung in Verbindung mit den vielen Abgasen, die sie täglich einatmen, für die Entwicklung ihres Gehirns sehr nachteilig ist und ihre geistige Leistungsfähigkeit weiter verschlechtert.

Natürlich erleben sie nicht nur emotionalen, sondern auch psychischen Druck. »Das Leben, das sie führen, vermindert ihre Konzentrationsfähigkeit erheblich«, erklärt Judith Ennew,[75] »und es fällt ihnen sehr schwer, stillzusitzen und zuzuhören.«

»Die häufigen Kämpfe, in die sie sich verwickeln lassen, sind nicht nur ein Ausdruck der Gewalt, der sie in ihrem Lebensraum auf den Straßen ständig ausgesetzt sind, sondern man kann darin auch ihre niedere Reizschwelle erkennen.«

Als die Psychologin Anne Balfour unter den Straßenkindern in Bogotá arbeitete, stellte sie fest, daß die Kinder »in sich widersprüchlich sind: In einem Augenblick sind sie kleine Erwachsene, im nächsten Moment sind sie richtige Kinder«. Und unter ihrer herausfordernden Art verbirgt sich tiefe Angst und Unsicherheit. Sie erklärt weiter: »Sie haben auch ein starkes Erleben von ›Allein-sein‹. Natürlich sind sie äußerlich nie einsam, sie sind immer von Menschenmassen umgeben. Aber innerlich sind sie oft allein. Ein Teil in ihnen kann sich einfach nicht für andere öffnen. Sie brauchen einige starke Schutzmechanismen, um sich vor Verletzungen zu schützen. Seelisch haben sie sich mit einer Mauer umgeben, die niemand einreißen darf, deshalb wirken sie immer etwas distanziert.«

2. Straßenkinder in der entwickelten Welt

Obwohl es viele Ähnlichkeiten zwischen Michael in Manila und dem Mädchen unter der Brücke in Los Angeles gibt, hat das Mädchen in den USA doch viel weniger Möglichkeiten.

In der ersten Welt herrschen immer noch die »traditionellen Werte« in bezug auf Kinder, selbst wenn sie sehr locker gehandhabt werden. Sie tragen dazu bei, daß die Kinder nicht viele Möglichkeiten haben, sich durchzuschlagen. In gewisser Weise werden die Kinder so noch direkter in die Sackgasse getrieben.

Kinder unter sechzehn bekommen so gut wie keine bezahlte Arbeit. Selbst Arbeitgeber, die sich nicht so streng an das Gesetz halten, die auch Schwarzarbeiter beschäftigen und in bar bezahlen, hüten sich davor, Minderjährige anzustellen. Damit würden sie sich zu viel Ärger von den Aufsichtsbehörden einhandeln.

Außerdem ist es in den westlichen Ländern viel ungewöhnlicher, daß jemand im Freien schläft, als in den heißen Ländern, wo sich das ganze Leben überwiegend im Freien abspielt. Aber wenn im Westen ein Kind alleine nachts draußen ist, werden sowohl die Polizei wie auch mögliche Kriminelle sehr schnell aufmerksam.

So kommt es für Straßenkinder in den reichen Ländern nicht in Betracht, im Freien zu schlafen, es sei denn, sie haben ein wirklich gutes Versteck. Wollen sie irgendwo ein Dach über dem Kopf haben, brauchen sie Geld. Das ist ein Teufelskreis.

Sie brauchen unbedingt Geld und dürfen nicht arbeiten. Da bleibt nur ein Weg: Sie verkaufen sich selbst. Es ist nicht überraschend, was laut Jo Boyden »eine Studie über weggelaufene Kinder vom ›Streetwork Project‹ in New York ergab: 86 Prozent der Befragten hatten schon mit Prostitution zu tun gehabt.«[76] Und: »Es wird geschätzt, daß es in Paris etwa 8 000 minderjährige Prostituierte gibt und in den ganzen USA etwa 150 000 …«

Aber ähnlich wie die Menschen eines Landes die gleiche Identität haben, obwohl sie alle individuelle Persönlichkeiten sind, so haben auch die Straßenkinder der verschiedenen Erdteile die gleiche Mentalität und sind doch individuell ganz verschieden.

Um mit den Worten von Guara Rosa de Solva zu sprechen, die in den Straßen Brasiliens gelebt hat: »Laßt mich Mensch sein. Laßt mich meine Kindheit leben. Ist das zu viel verlangt?«[77]

Kapitel 5

Die Todeszone

»Dem kleinen Oliver erstarrte das Blut in den Adern, während er dem Alten zuhörte. Er begriff die Drohungen. Er wußte bereits, daß die Justiz einen Unschuldigen für schuldig halten konnte.«
Oliver Twist, 11. Kapitel, Seite 80

Brasilien

Rio de Janeiro genießt den Ruf, ein beliebtes Reiseziel für Reiche zu sein. Es ist bekannt für seine schönen Frauen an der Copacabana und für die Straßencafés im europäischen Stil.

Hoch über der Stadt, auf dem Corcovado-Berg, steht eine Jesus-Figur, die Arme weit ausgebreitet. Es soll eine Geste des Willkommens sein. Aber vielleicht ist es auch ein Ausdruck von Verzweiflung.

Denn diese reiche Küstenstadt Brasiliens hat in den letzten Jahren einen sehr schlechten Ruf bekommen. Es ist die Stadt, die ihre armen Kinder töten läßt.

Es ist auch die Stadt des Karnevals, eine laute Stadt, wo der Verkehrslärm und das Schreien der Menschen scheinbar nie leiser wird.

So konnten eines Abends im Juli 1993 neben einer Kathedrale namens Candelaria drei Fahrzeuge halten, ohne daß jemand sie hörte. Es war kurz nach Mitternacht. Die Jungen schliefen unruhig auf dem Bürgersteig und hatten die Geräusche der Autos nicht weiter beachtet.

Die Männer stiegen aus. Es waren sechs schwerbewaffnete Männer, wie Roberto dos Santos später berichtete. Er ist der Leiter des São-Martinho-Heimes in Rio und unter den Straßenkindern sehr beliebt.

»Sie umstellten die Kinder, dann eröffneten sie das Feuer. Sie benutzten Maschinenpistolen«, erzählte er weiter.[78]

»Die Kinder wurden brutal ermordet. Die Mörder schossen ihnen durch die Augen und in den Kopf.«

»Sieben Kinder starben sofort, ein Kind wurde schwerverletzt und starb später im Krankenhaus.«

»Zwei der Jungen wurden von den Killern gepackt und zu den Autos gezerrt. Dort wurden sie hingerichtet. Dann warfen sie die Körper in die Nähe des Museums für moderne Kunst.«

»Sie kamen schießend auf uns zu«, erzählte ein Junge, der auch dort geschlafen hatte und das ganze überlebte.[79] »Einer schoß auf mich, aber sein Gewehr versagte. Ich duckte mich, und dann rannte ich und rannte ...«

Es ist schon seit einigen Jahren bekannt, daß in Brasilien regelmäßig Straßenkinder ermordet werden. Die Morde wurden alle dokumentiert. Da diese Greueltaten so regelmäßig geschehen, ist die Bevölkerung mittlerweile sehr abgehärtet. Aber dieses grausige Blutbad vor der Kathedrale hat doch das ganze Land erschüttert. Ironischerweise geschahen diese Morde genau an der Stelle, wo ein großes Mahnmal, mit Kerzen beleuchtet, seit einigen Monaten an die Gewalt erinnen sollte, der die Straßenkinder täglich ausgesetzt sind.

Nach diesem Ereignis flog der Präsident Brasiliens, Itamar Franco, selbst nach Rio und sagte, er empfände diese Morde »wie einen Schlag ins Gesicht«, und er veranlaßte eine große Fahndung und eine gründliche Untersuchung des Massakers.

Niemand war überrascht, als sich herausstellte, daß die drei mutmaßlichen Täter, die bald darauf verhaftet wurden, Angehörige der Militärpolizei waren.

Schon vorher haben die Straßenkinder und ihre wenigen Fürsprecher behauptet, daß die gefürchteten Todes-Kommandos, die in vielen brasilianischen Städten herumstreifen, zum großen Teil aus Polizeibeamten bestünden. Entweder sie verdienen ein bißchen zusätzlich durch diese »freiberuflichen« Aktivitäten, oder sie nehmen das Gesetz einfach selbst in die Hand.

Letzteres war der Anlaß für das Morden vor der Kathedrale. Einige Zeit vor dem Massaker hatte es eine verbale Auseinandersetzung zwischen den Polizeibeamten und einigen heimatlosen Jugendlichen aus dieser Gegend gegeben.

»Das wird euch noch leid tun. Wir kriegen euch schon noch«, schrie der eine Beamte, wie man in einem Bericht nachlesen kann.[80]

Menschen in Brasilien und in vielen anderen Ländern waren schockiert über die Grausamkeit und Brutalität dieser Tat. Aber die Leute, die sich schon längere Zeit für die Anliegen der Straßenkinder einsetzten, waren nicht überrascht.

Schon einige Jahre davor hatte *Amnesty International* angefangen, die »Morde der Todesschwadrone« zu dokumentieren. Dann brachte eine englische Zeitung 1990 eine Serie grausamer Berichte, die sich auf die Unterlagen von *Amnesty International* stützten: »Brasilien hat einen Weg gefunden, wie es die Kinder von der Straße holt. Es tötet sie.«

Ein typischer Bericht aus dieser Sammlung von *Amnesty International* ist die Geschichte des neunjährigen Patricio Hilario da Silva. Im Mai 1989 wurde seine spindeldürre Leiche in Ipanema, der eleganten Vorstadt Rios, gefunden. Er war achtlos auf einen freien Platz geworfen worden. Um seinen Hals war ein Zettel gebunden, auf dem zu lesen war:

> *»Ich habe dich umgebracht, weil du nichts gelernt hast und keine Zukunft hast ... Die Regierung sollte es nicht zulassen, daß die Straßen der Stadt von Kindern belagert werden.«*

Ein weiterer Bericht von *Amnesty International*, der später im gleichen Jahr erschien, gab bekannt, daß täglich mindestens ein Kind von den Todesschwadronen ermordet wird. In dem Artikel wird darauf hingewiesen, daß viele Kinder, die von ihren Familien gezwungen werden, auf der Straße nach einem kleinen Einkommen zu suchen und damit ihre Familien zu unterstützen, in Lebensgefahr schweben.

Seit Mitte der achtziger Jahre gab es immer mehr Berichte über ermordete Straßenkinder, und schließlich reagierte die brasilianische Regierung auf die vielen Anfragen, die vor allem auch von ausländischen Regierungen an sie gestellt wurden. Es wurde ein neues Gesetz zum Schutz der vielen ausgestoßenen, heimatlosen Kinder und Jugendlichen verabschiedet und ein Ministerium für Kinderangelegenheiten wurde eingerichtet.

Und die »nationale Kommission zur Bekämpfung von Gewalt gegen Kinder und Jugendliche« wurde eingesetzt. Diese berichtete:

»Aus den Unterlagen der staatlichen Polizei geht hervor, daß es in den Jahren von 1988 bis 1990 insgesamt 4 611 Morde an Kindern und

Jugendlichen gab. Das ergibt einen jährlichen Durchschnitt von 1 533 getöteten Straßenkindern.«

»Dies sind die einzigen Zahlen ... die es von offizieller Seite gab, anhand derer wir das Ausmaß des Problems abschätzen und veröffentlichen konnten.«[81]

Viele vermuten, daß diese offiziellen Zahlen viel zu niedrig sind. In einem frühen Bericht des »Zentrums zur Mobilisierung von Randgruppen«[82], einer Menschenrechtsorganisation, hat die Forscherin Leontina Soares geschrieben, daß die Todesursachen der Kinder oft nicht eindeutig seien.

In einem Gutachten über die Todesfälle, die in drei städtischen Polizeistationen im brasilianischen Bundesstaat Rio registriert worden waren, gab es neben ausdrücklichen Morden auch noch folgende Todesursachen: »natürliche Todesursache, Fälle, in denen Kinder von einem Auto überfahren wurden, Tod durch Erhängen, tödliche Unfälle, ... Es war nicht mehr festzustellen, ob der Tod durch einen echten Unfall gekommen war, oder ob jemand den Unfall initiiert hatte, was vorsätzlicher Mord wäre.«

Der brasilianische Journalist Gilberto Dimenstein beschloß, auf eigene Faust die Morde zu untersuchen, über die in den Zeitungen berichtet wurde. Er reiste kreuz und quer durch Brasilien, sprach mit den Kindern, ihren Helfern und Kontaktpersonen, zum Teil sogar mit den Mördern.

Zu seinem Entsetzen mußte er feststellen, daß die Mordfälle viel häufiger waren, als er vermutet hatte. Fast alle Straßenkinder kannten jemanden, oft war es sogar ein Freund, der getötet worden war.

Seit die nationalen und internationalen Medien regelmäßig erschreckende Berichte über die Aktivitäten der Todeskommandos in Brasilien bringen, hat es den Anschein, als hätten die Morde an Straßenkindern nachgelassen. Aber das ist leider ein Trugschluß. Das einzige, was sich verändert hat, ist die Arbeitsweise der Mörder.

»Damit die Morde nicht in die Medien kommen, begraben die Killer jetzt die toten Kinder in geheimen Friedhöfen, und sie bedrohen die Familien der Kinder, daß diese es nicht wagen sollen, über das Schicksal ihrer Kinder zu reden«, berichtete Dimenstein.[83]

»Seit die Morde an den Straßenkindern 1989 ins Licht der nationalen und internationalen Presse rückten, stellen Rios erfahrene Verbrechensbeobachter fest, daß die Leichen der ermordeten Kinder

nur noch selten auf der Straße oder am Straßenrand liegengelassen werden ...«

»Reporter erinnern sich daran, wie der Leichnam eines Kindes mehr als einen Monat lang in einem Vorort von Rio auf der Straße lag.«

Nach den Angaben einer Kontrollkommission für Menschenrechtsverletzungen hat die städtische Polizei von Rio »zugegeben, daß die Hälfte der Beteiligten an den Killer-Kommandos in der Stadt, die nicht identifiziert wurden, Polizisten sind. Der brasilianischen Regierung ist es nicht gelungen, diese Kommandos aufzulösen und die Verantwortlichen zur Rechenschaft zu ziehen«.[84]

Die Morde an Kindern haben zu einer perversen Praxis geführt: Kinder, die zu ihren Lebzeiten ungewollt waren, werden nach ihrem Tod adoptiert. Denn wenn im Gerichtsmedizinischen Institut eine Leiche abgeliefert wird, die Zeichen eines gewaltsamen Todes aufweist, braucht man erst den Namen der Leiche, um sie begraben zu können.

Wenn niemand die Leiche beansprucht und ihre Identität unbekannt bleibt, kann sie nicht begraben werden. »Die sozialen Wohlfahrtsorganisationen haben einen phantasievollen Weg gefunden, der aus diesem Dilemma führt«, erklärte Dimenstein.[85] »Sie suchen Eltern, die bereit sind, das Kind nach seinem Tod zu adoptieren und die ihm ihren Familiennamen geben.«

»Das ist eine traurige Ironie«, sagt auch Maria Tereza Moura, die frühere Koordinatorin der Straßenkinder-Bewegung in Rio. »Ein makaberes Spiel. Ein Kind, das sein ganzes Leben lang alleine zurechtkommen mußte, bekommt nach seinem Tod einen Vater.«[86]

Die Kindermorde waren so häufig, daß sie in den Zeitungen nur noch als kleine Artikel mit ein oder zwei Absätzen erschienen, und die Bevölkerung hatte sich daran gewöhnt, im Bogen um die toten Kinder, die auf den Straßen lagen, herumzugehen.[87] Bis eine besonders grausame Tat 1991 doch wieder Schlagzeilen machte.

Eine Gruppe bewaffneter Männer stürmte in eine »favela«, ein Slumgebiet, und drang in eine Hütte ein. Darin saßen sieben Kinder. Sie waren zwischen neun und siebzehn Jahren alt, schnüffelten zusammen Klebstoff und teilten die Reste ihres kärglichen, täglichen Beutezuges.[88]

Die Männer gaben vor, Polizisten zu sein und beschuldigten die Kinder, ein Paar Tennisschuhe gestohlen zu haben. Dann fesselten sie die Kinder und zerrten sie zu einem nahen Fluß. Dort prügelten sie sie, zwangen sie, sich auf die Erde zu legen und schossen ihnen von hinten in den Nacken.

Erstaunlicherweise überlebte ein sechzehnjähriges Mädchen dieses Massaker. Bei ihr prallte die Kugel irgendwie an den Knochen ab und blieb in der Haut stecken. Sie hielt die Luft an und stellte sich tot.

Später berichtete sie einer lokalen Zeitung: »Sie haben nacheinander auf uns gezielt. Ich war die Dritte in der Reihe. Als letzter kam unser jüngster Freund Claudio. Bei ihm gerieten die vier Männer in Streit, weil jeder den Kleinen erschießen wollte.«[89]

Guatemala

Die Todesschwadrone Brasiliens sind weltweit die größte Killertruppe, die Straßenkinder töten. Sie haben die meisten Kinder auf ihrem Gewissen und sind international am bekanntesten. Aber Brasilien ist bei weitem nicht das einzige Land, das seine Straßenkinder ermordet.

In den Akten von *Amnesty International* finden sich auch viele Berichte über Morde an Straßenkindern in Guatemala. Dort leben allein in der Hauptstadt schätzungsweise 5 000 Kinder auf der Straße.

Im Juni 1991 griff eine Gruppe bewaffneter Männer sechs männliche Teenager in der Stadt Guatemala an, sperrte sie in einen Kombiwagen und entführte sie.[90] Einen Monat später wurden zwei der Jungen tot aufgefunden und identifiziert. Sie waren mit einem Kopfschuß getötet worden. Ihnen waren die Ohren und Zungen herausgeschnitten worden, und die Augen waren ausgebrannt oder ausgemeißelt. Das sind übliche Zeichen an der Leiche eines Spitzels.

Ein anderer Fall, der sich etwas früher im gleichen Jahr ereignete: der dreizehnjährige Nahaman Lopez stand mit seinen Freunden an einer Straßenecke. Einige Männer gingen auf sie los. Alle seine Freunde entkamen, aber ihn faßten die Männer und schlugen ihn zusammen. Zehn Tage später starb er im Krankenhaus. Er hatte zahlreiche Verletzungen, einschließlich einem Leberriß, sechs gebrochenen Rippen, zwei gebrochenen Fingern und schlimmen Quetschungen und Blutergüssen an 70 Prozent seines Körpers.[91] Aus einem Bericht geht hervor, daß der Junge unmittelbar vor seinem Tod dem Sozialarbeiter, der an seinem Bett saß, flüsternd anvertraute: »Ich wollte doch nur ein Kind sein. Aber sie ließen mich nicht.«

Kolumbien

In Kolumbiens Hauptstadt Bogotá waren überall Plakate geklebt worden, die zur Beerdigungen der »schlimmsten Verbrecher der ganzen Gegend einluden, die demnächst ausgelöscht würden«, so berichtete der Journalist Tim Ross.[92]

»Drei junge Drogenhändler waren schon von den professionellen Killern erschossen worden. Nun ließen sie Flugblätter verteilen, auf denen zu lesen war, daß diese drei Morde nur eine Warnung waren. Es würden noch viele Erschießungen folgen. Sie hatten die Blätter mit ›Hüter der Nacht‹ unterschrieben«, berichtete Tim Ross.[93]

Ein Fremder kam auf den zwölfjährigen Marcos Fidel Quisquinay zu, gab ihm eine Tüte und sagte, er solle diese Tüte zu einem bestimmten Fast-food-Restaurant irgendwo in der Stadt bringen.

Als der Junge dort ankam, explodierte eine Bombe in der Tüte, tötete den Jungen und verletzte noch sieben weitere Menschen. »Es war nichts mehr von Marcos übrig, die Leichenteile waren über den ganzen Laden verstreut«, berichtete eine Augenzeugin.[94]

Die Mörder stehen nicht immer so im Vordergrund. Oft findet man auch nur einen versteckten, kleinen Leichnam. Häufig wollen sie keine Aufmerksamkeit auf sich ziehen, und viele Leichen bleiben unentdeckt.

Unlängst gab es einen grausamen Beweis dafür, daß es schwierig bis unmöglich ist, die Zahl der Morde an Straßenkindern in Kolumbien und ähnlichen Ländern festzustellen. Ein »Erdrutsch förderte die Leichen mehrerer ermordeter Kinder ans Tageslicht«.[95]

In anderen Teilen der Welt werden die Kinder nicht so gezielt ermordet, und doch ist Gewalt ein normaler Bestandteil ihres Alltags auf der Straße, und die Kinder werden oft mit dem Tod konfrontiert.

Martin Graham arbeitet mit der Hilfsorganisation *Future Hope* unter Straßenjungen in Kalkutta. Er erinnerte sich an ein tragisches

Erlebnis. »Ein Junge hatte eine Kleinigkeit gestohlen. Er war noch sehr klein. Als er erwischt wurde, bekam er mit einem schwerem Knüppel viele Schläge auf den Kopf. Als Tim (ein anderes Mitglied der Organisation) zu dem Ort kam, war der Junge schon tot. Er war ungefähr acht Jahre alt gewesen.«

Die Philippinen

Eines Tages hatten seine Eltern ihn auf einer Busreise ausgesetzt, und er konnte nicht mehr nach Hause finden. Seither lebt Ray auf den Straßen Manilas. Er hat sich einer Straßenbande angeschlossen. Seit mehreren Jahren lebt er nun schon als Taschendieb, der alles stiehlt, was er bekommen kann.

Er und seine Freunde hatten schon mehrfach Ärger gehabt mit den jüngeren Polizisten in der Gegend, die sie geschlagen und getreten hatten. Eines Nachts wurden er und einige seiner Freunde von ein paar Männern mitgenommen und zu einem freien Platz in einen anderen Teil der Stadt gebracht.

> *»Einer der Männer hatte ein Gewehr, das er auf mich richtete. Er befahl mir, zu verschwinden. Ich rannte, so schnell ich konnte. Er schoß auf mich, traf aber nicht. Ich rannte immer weiter und versteckte mich schließlich. Gleich als ich ihn sah, dachte ich, daß er ein Killer war.«*

In Olongapo, nördlich von Manila, arbeitet der irische Priester Pater Shay Cullen schon seit 25 Jahren unter den Straßenkindern. Er berichtete, daß während seiner Zeit auf den Philippinen »viele Kinder auf den Straßen unserer Städte ermordet wurden«.

Als er in London vor dem Unterhaus sprach, sagte er: »Einer meiner Mitarbeiter war früher auch ein Straßenjunge. Jetzt arbeitet er selbst unter Kindern. Er ist der einzige Überlebende seiner früheren Straßenbande, die aus zwölf Kindern bestand.«

> *»Die übrigen elf Kinder wurden in den Nebenstraßen von Olongapo ermordet. Man wollte nicht, daß sie den aufblühenden Tourismus hinderten, sie paßten nicht mehr in das Straßenbild, das die Stadt gerne haben wollte. Und sie störten die fest eingespielten Geschäfte in den Nachtclubs.«*[96]

»Bringt sie um!«

Die Verteidiger der Straßenkinder in Kolumbien haben berichtet, daß Kinder und Jugendliche ermordet wurden, weil die Erwachsenen befürchteten, sie hätten Aids.[97]

Es scheint, daß Länder wie Brasilien sich an die Morde an ihren Straßenkindern gewöhnen können. Für die meisten sind diese verwahrlosten Kinder, die sie am Straßenrand sehen, eine Plage. Sie sehen in ihnen keine einzelnen Personen, sondern ein Übel, das man versucht zu übersehen und vor dem man sich mitunter auch fürchtet.

Nach dem Massaker vor der Kathedrale riefen viele Leute bei den lokalen Nachrichtenmagazinen in Rio an und applaudierten den Tätern.[98] Auch ein Taxifahrer erklärte gegenüber Journalisten: »Jetzt tun alle so, als wären die Kinder Helden gewesen, die einen Märtyrertod starben. Aber sie waren keine unschuldigen Opfer«.

Dimenstein hörte ähnlich verächtliche Äußerungen von einem Ladenbesitzer, der die Todesschwadrone dafür bezahlte, damit sie in den Vororten São Paolos ihre grausame Arbeit tun:

> *»Niemand will, daß die Kinder umgebracht werden. Aber es gibt leider keinen anderen Weg. Werden die Kinder verhaftet, lassen die Gerichte sie einfach wieder frei, und sie kommen zurück und stehlen weiter. Mein Laden ist immer von ihnen bedroht. Habe ich nicht das Recht, in Frieden meine Geschäfte zu machen?«*[99]

Ein früheres Mitglied einer Killer-Truppe erzählte, wie es zu den Morden kommt:

> *»Das geht folgendermaßen. Man wird von einer Gruppe von Ladenbesitzern angestellt. Für diesen Job verdient man mehr als ein Polizist. Ein Junge kommt in den Laden und stiehlt etwas. Dafür wird der Besitzer ihn schlagen. Der nächste Junge kommt und stiehlt etwas anderes. Wenn die Ladenbesitzer nichts unternehmen und einfach nur mitansehen, wie alles gestohlen wird, dann gehen sie pleite.«*
>
> *»Es bringt gar nichts, mit diesen Kindern sanft umzugehen. Man muß sie umbringen.«*[100]

Solche Ansichten werden nicht nur hinter vorgehaltener Hand geäußert. Caroline Moorhead berichtete:

»In einer großen Stadt in Südamerika wurde über die offizielle Radiostation ... der Aufruf gesendet, daß die Bevölkerung die Dinge selbst in die Hand nehmen und den Kindern, die ihre Straßen verseuchen, ein Ende bereiten soll. Das Ergebnis war, daß in der folgenden Zeit jeden Morgen im Durchschnitt zwei tote Kinder gefunden wurden.«[101]

Kein Vorteil für bekanntgewordene Kinder

Man könnte vermuten, daß die Morde an den Straßenkindern so wenig in Frage gestellt und so bereitwillig als Problemlösung akzeptiert werden, weil die Kinder anonym sind, weil ihre Namen und Gesichter unbekannt sind und weil keiner ihre individuelle Geschichte kennt. Doch das ist leider ein Irrtum. Die Kinder, die bekanntgeworden sind, haben nicht mehr Schutz als die anderen.

Fernando da Silva Ramos war ein typisches brasilianisches Straßenkind. Doch Anfang der achtziger Jahre wurde er international bekannt, als er in dem erfolgreichen Film »Pixote« von Hector Babenco die Hauptrolle spielte.

Es ist eine recht wirklichkeitsnahe Verfilmung, in der eine Gruppe von Straßenkindern gezeigt wird, die mit dem Gesetz in Konflikt geraten und die mit Drogen und Gefängnis zu tun haben. Die Hauptdarsteller sind der elfjährige Ramos und eine Gruppe anderer, ebenfalls echter Straßenkinder. Mit diesem Film wurde das Thema zum ersten Mal in den Massenmedien aufgegriffen.

Für kurze Zeit war Ramos ein Star. Danach spielte er auch in einigen anderen Filmen mit, sogar in einem Werbespot für UNICEF. Aber bald war er doch wieder zurück auf den Straßen, und am 27. August 1987 wurde er von der Polizei in São Paolo umgebracht. Dimenstein berichtete:

»Es gab Transparente, auf denen war zu lesen: ›Pixote war ein Gauner. Die Bevölkerung dankt der Polizei‹. Solche Poster haben die Leute in der Stadt aufgehängt.«[102]

Giovani Garcia errötete und vergaß den Satz, den er so lange geübt hatte, als er an der Reihe war, der First Lady von Guatemala einen Blumenstrauß zu überreichen. Das war bei der offiziellen Eröffnung des Organisationsbüros von *Childhope* in Guatemala.

Die Frau des Präsidenten überspielte die Verlegenheit des vierzehnjährigen, ehemaligen Straßenkindes, indem sie sich zu ihm beugte, ihn umarmte und küßte. Die Kameras hielten alles fest.

Er sah jünger aus, vielleicht wie ein Zwölfjähriger. Während der Jahre, die er auf den Straßen verbracht hatte, war er unter dem Namen »Pinguin« bekannt gewesen. Für einige Zeit gelang es ihm, sich an ein neues Leben anzupassen. Aber als er achtzehn war, zog es ihn wieder zurück.

Vor der Stadt Guatemala wurde sein Körper gefunden. Ihm war aus unmittelbarer Nähe direkt in den Kopf geschossen worden. Seine Hände waren bis zur Unkenntlichkeit verbrannt. Man fand auch Zeichen weiterer Folterungen an seinem Körper.

Der Mitarbeiter von Childhope, der mit Giovani befreundet gewesen war, sagte später:

> *»Manchmal, wenn ich an Giovanis Tod denke, bin ich traurig. Wenn er noch länger gelebt hätte, wäre er vielleicht noch ein glücklicher, erfolgreicher Mann geworden, der seine Straßenvergangenheit überwunden hat. Er hätte es fast geschafft. Aber manchmal, wenn ich an Giovani denke, weiß ich, daß er es auch jetzt schon geschafft hat, obwohl er zu früh gehen mußte. Was er aus seinem Leben bis dahin machen konnte, hat er gemacht. Und das zählt für mich.«*[103]

Anläßlich des Weltgipfels in Rio, zu dem sehr viele Politiker in die Stadt kamen, besuchte der britische Premierminister John Mayor die »Zufluchtstätte von Roberto de Santos«. Dort traf er einige Jungen, die in diesem Haus lebten, unter ihnen Juanito José da Silva.

Der hochgewachsene Teenager war mit sechs Jahren von zu Hause weggelaufen. Auf den Straßen Rios geriet er in Kriminalität und begann, Klebstoff zu schnüffeln. Er hatte kein Ziel, bis er eines Tages in das Zentrum von Roberto de Santos kam.

Er lernte die Mitarbeiter kennen, fing an, sich zu verändern, half bei der Betreuung jüngerer Kinder, nahm wieder Kontakt mit seiner Familie auf und arbeitete fleißig an verschiedenen Arbeitsplätzen. Sein Traum war, eines Tages irgendwo Chef zu sein.

Er war sehr stolz darauf, daß er ausgewählt wurde, um zur Begrüßung des britischen Premiers einen traditionellen Tanz aufzuführen. Dieses Ereignis wurde auch von den internationalen Medien verfolgt.

Drei Monate später wurde er in einem der vielen Slums der Stadt durch einen Gewehrschuß getötet.

Die alltägliche Gewalt

In einigen Ländern ist die Hinrichtung durch eine Killer-Truppe eine häufige Todesform für Straßenkinder. Aber überall auf der Welt ist Gewalt eine normale, alltägliche Erscheinung in ihrem Leben. Gewalt gehört genauso zu ihrem Alltag wie essen und schlafen.

Die Gewalt geht oft von den Ladenbesitzern oder von den Anwohnern aus, es gibt aber auch selbsternannte Wachkomitees, die dafür bezahlt werden, daß sie die Kinder quälen und einschüchtern. Regelmäßig sind auch Polizisten und Sicherheitsbeamte unter denen, die den Kindern gegenüber Gewalt ausüben.

Die Sozialarbeiter unter den Straßenkindern in der Stadt Guatemala haben viele Fälle von Gewalt dokumentiert, darunter die folgenden:

> *»Zwei Vierzehnjährige und ein zwölfjähriger Junge wurden von der Polizei angesprochen und gezwungen, den Klebstoff zu schlukken, an dem sie schnüffelten.«*

> *»Der vierzehnjährige Juan Carlos wurde festgenommen und in den Keller eines Polizei-Ausbildungs-Zentrums gebracht. Dort wurden die Hunde auf ihn gehetzt.«*

> *»Der sechzehnjährige José Vasquez wurde entführt und in einen Park gebracht. Dort wurden ihm die Augen verbunden, er wurde nackt ausgezogen, an einen Baum gebunden, geschlagen und mit brennenden Zigaretten gequält.«*[104]

Bei einer üblichen Form der Bestrafung für Straßenkinder, wie sie die Polizei in Brasilien praktiziert, werden die Kinder über eine Stange gefesselt, die Hände sind hinter dem Rücken, sie hängen dann mit den Knien um die Stange, mit dem Kopf nach unten, und dann werden sie mit Gummiknüppeln geschlagen.

Der siebzehnjährige José berichtete von einer anderen, häufigen Methode der Polizei, wie sie Gewalt gegen Straßenkinder einsetzt. »Wir springen gerne hinten an den Bussen auf und fahren so ein Stück weit mit. Die Männer warten, bis der Bus angefahren ist, dann stellen sie sich an die Straße, und im Vorbeifahren schlagen sie uns mit ihren Gummiknüppeln so hart, daß wir herunterfallen.«

Aber die Gewalt kommt nicht nur von außen. Auch zwischen den Straßenjungen brechen oft Kämpfe aus. Manchmal bekämpfen sich die Mitglieder der verschiedenen Banden, manchmal aber auch die eigenen Bandenmitglieder, wenn sie das Gefühl haben, der andere hätte sie geringschätzig behandelt.

Rogerio zog sein T-Shirt hoch und entblößte eine große Fläche roten Fleisches, wo seine verbrannte Haut wulstig und verzerrt war, eine häßliche Narbe, die sich über seine ganze Seite hinzog.

Er hatte sich das Mädchen eines anderen Jungen genommen. Als der andere entdeckte, daß er betrogen worden war, schlich er zu Rogerio, während dieser schlief.

Er nahm die Flasche mit Verdünner, an der er geschnüffelt hatte, goß sie über sein schlafendes Opfer und warf ein brennendes Streichholz auf die Flüssigkeit.

In einer ehemaligen Garage, die jetzt zu einem Treffpunkt und zu einem Tagesasyl für Straßenkinder in Manila umfunktioniert wurde, hat der Sozialarbeiter Nic Arriola eine Tüte im Schreibtisch seines Büros, in der er ein ganzes Waffenarsenal aufbewahrt. Das hat er von Kindern beschlagnahmt, die zum Teil gerade erst acht Jahre alt waren.

Diese brutalen Waffen zeugen von erstaunlichem handwerklichen Geschick. Einige Messer waren aus Glasscherben hergestellt worden: An einem Ende war das Glas mit Schnur und Klebeband umwickelt, so daß es einen guten Griff hatte. Es gab eine Schleuder, scharfe Nägel, an deren einem Ende ein hölzerner Griff befestigt war und eine Autoantenne, die sich als Peitsche eignete.

»Wir lassen sie nicht herein, solange sie so etwas bei sich tragen«, erklärte Nic und zog einige Gabeln aus der Tüte. Ihre Griffe werden nach hinten zu einem Kreis gedreht und zwei der Zinken waren nach vorne herausgebogen, so hatte man einen festen Schlagring in der Hand.

»Sie fürchten sich davor, jemanden umzubringen, aber wenn sie es getan haben, dann sind sie in ihrer Gruppe sehr angesehen«, sagte Johan Lukasse, der in Belo Horizonte in Brasilien zusammen mit seiner Frau Jeanette das *Halfway House* gegründet hat.

»Egal, ob es ein Feind ist, ob es das Mitglied einer anderen Straßenbande oder ein Polizist ist, das spielt keine Rolle. Hauptsache,

sie haben einen Menschen umgebracht. Denn dann sind sie jemand. Und das ist so wichtig für sie. Oft sind sie aus genau diesem Grund von zu Hause weggelaufen, weil sie sich dort so unbedeutend gefühlt haben.«

»Wer sich auf der Straße behaupten kann, wer ein Bandenchef wird, der genießt hohes Ansehen. Er hat eine Identität. Wer schnell und stark ist, bekommt auch dafür Anerkennung. Wer auf diese Weise endlich Wertschätzung erfährt, wird alles tun, um sie zu behalten – denn es ist das erste Mal, daß er sich angenommen und wertvoll fühlt.«

Schließlich gibt es auch noch die letzte, schlimmste Gewalt.

Mit dreizehn Jahren hat Ian Brown sein Elternhaus verlassen. Die nächsten drei Jahr verbrachte er überwiegend auf den Straßen von San Francisco und Hollywood. Er prostituierte sich und wurde drogenabhängig.[105]

Eines Tages ging er nach Hause zurück und versuchte einen neuen Anfang. Alles schien zunächst gut zu laufen. Aber kurze Zeit nach dem Weihnachtsfest im Kreise der Familie erhängte Ian sich an einem Baum hinter dem elterlichen Haus.

Er war neunzehn.

Kapitel 6

Körper als Ware

»Kurzum, der schlaue alte Mann hatte den Knaben sozusagen im Netz. Nachdem er ihn durch Einsamkeit so weit gebracht hatte, daß er jede Gesellschaft seinen traurigen Gedanken in dem öden, finsteren Haus vorzog, begann er, Oliver das Gift langsam einzuflößen, das, wie er hoffte, sein Herz für immer verderben sollte.«

Oliver Twist, 11. Kapitel, Seite 83

Manila

Julie ist achtzehn Jahre alt, aber sie sieht aus wie dreißig und sagt, daß sie sich meistens wie sechzig fühlt. Mit acht Jahren ist sie von zu Hause weggelaufen, seither lebt sie auf der Straße. Meistens schläft sie im Flur unter den Treppen eines alten, heruntergewirtschafteten Gebäudes im Bezirk Ermita in Manila.

Wenn es Abend wird, macht sie sich so gut zurecht, wie es eben geht, streicht einige Falten aus ihrem schmutzigen, zerknitterten, grauen Kleid und geht wieder los, um sich zu verkaufen.

Ihr Ziel ist es, pro Nacht zwei Kunden zu bekommen. Das reicht gerade so, um den nächsten Tag zu überstehen. Sie verlangt etwa fünf Mark, manchmal nimmt sie aber auch sieben oder acht Mark.

»Ich mache das eigentlich nicht gerne«, gibt sie zu. Ihre glatten Haare umrahmen ein ausdrucksloses Gesicht, ihre Augen sind stumpf. »Aber lieber nehme ich Geld dafür, als daß ich es mit meinem Stiefvater umsonst machen muß.«

Julie ist eines von schätzungsweise 8 000 Kindern und Teenagern, die sich als Ware in dem verrufenen Rotlichtbezirk Manilas anbieten.

Für den arglosen Spaziergänger sehen die Straßen mit den Discos und den Bars, in denen spärlich bekleidete Mädchen für Unterhaltung sorgen, recht harmlos aus. Sie sind in unmittelbarer Nachbarschaft zu dem teuren Touristenviertel, der Stadtteil heißt Ermita.

Die Straßen werden gesäumt von bunten Neonschildern in grellen Farben, in den Eingängen der Bars stehen lächelnde Mädchen, die dem Vorbeigehenden ein Stückchen ihres Körpers zeigen. Aber alles wirkt ein bißchen naiv und unschuldig.

In anderen Städten sind die entsprechenden Straßen viel lauter und aufdringlicher. In Amsterdam zeigen manche Live-Clubs schon in den Eingängen die härtesten Videos, und in den Erotik-Supermärkten anderer Länder wird wirklich alles gezeigt, was es zu kaufen gibt, da bleibt nichts mehr der Phantasie überlassen.

Doch Rasierklingen sehen harmlos aus, solange man sie eingepackt läßt, und auch hinter den Fassaden in Manilas Rotlichtbezirk, die so zurückhaltend aussehen, verbirgt sich eine abscheuliche Sexindustrie, die den anderen Städten in nichts nachsteht. Das Markenzeichen Manilas ist sein Angebot an Minderjährigen.

In den Bars in Ermita tanzen junge Bikini-Mädchen auf dem Tresen und auf den Tischen, die Musik tönt blechern aus den Lautsprechern, das Lächeln auf den Gesichtern der Mädchen ist starr, während die Männer mit lüsternen Blicken an ihnen hinaufschauen. Auf diese Weise verdienen sie ein paar Mark pro Nacht, aber das große Geschäft kommt erst später im Hotel.

Dann gibt es die anderen, die wie Julie auf der Straße sind, durch die Cafés und Restaurants ziehen und sich selbst ihre Kunden suchen. Das ist kein Problem, denn die Besucher der Cafés wissen, warum diese Mädchen dort herumlungern.

Andere Mädchen haben Zuhälter, Jocelyn ist eine von ihnen. Jetzt ist sie dreizehn, vor drei Jahren begann sie, Süßigkeiten auf der Straße zu verkaufen. Ihr Vater hatte Krebs und lag im Sterben, und ihre Mutter schaffte es nicht mehr, die Familie zu versorgen.[106]

Eines Tages sprach eine ältere, elegante Dame das Mädchen an und fragte sie, ob sie nicht gerne »mit wenig Arbeit viel Geld verdienen« möchte? Natürlich wollte sie das!

Das nächste, woran sie sich erinnern kann, war ein kleines Hotelzimmer und ein alter Mann, ein Ausländer, der sie auszog …

Jetzt ist sie drei bis vier Nächte pro Woche unterwegs. Am liebsten mag sie japanische Touristen, die zahlen am besten. Wenn ihr Zuhälter für die Kunden sorgt, dann muß sie ihm einen Teil des Geldes abgeben. Aber das macht ihr nichts aus, denn er versorgt sie auch immer mit Lösungsmitteln, damit sie gute Arbeit leisten kann. Wenn sie geschnüffelt hat, fühlt sie sich verwegen und ist ungehemmt – zumindest für die nächsten vier Stunden.[107]

Wenn man Südostasien als das Einkaufsparadies der Pädophilen bezeichnet, dann ist Manila ein besonders modischer Supermarkt. Es gibt dort nicht nur die kleinen Mädchen. Viele der Kinder, die sich prostituieren, sind auch Jungen.

Einer von ihnen ist Richard. Er ging von zu Hause weg, als seine Mutter mit einem anderen Mann nach Hause kam. »Ich hatte plötzlich so viele Stiefschwestern und Stiefbrüder, die mich alle nicht leiden konnten. Und meine Mutter kümmerte sich auch nicht um mich.«

Richard machte sich auf den Weg und kam alleine in Manila an. Die ersten zwei Nächte schlief er im Park und fand überhaupt nichts zu essen. Dann kam ein Mann und bot ihm seine Freundschaft an. Er lud ihn zum Essen ein und nahm ihn mit nach Hause. Viele Kinder und Teenager mögen nicht darüber reden, wenn sie sich an alte Männer verkaufen. So fiel es auch Richard schwer, das zuzugeben: »Ich ... ging mit netten Typen mit und mit schlechten Männern«, ist seine unbestimmte Antwort.

Manchmal wissen die Eltern davon, daß sich ihre Kinder prostituieren, oft sind sie auch damit einverstanden, teilweise helfen sie sogar aktiv mit. Der Vater des zehnjährigen Totoy ermutigte seinen Jungen, sich mit einem deutschen Touristen mittleren Alters zu »befreunden«. Der Deutsche gab der Familie Geld dafür.[108]

In einem anderen Fall brachten die Eltern ihr dreizehnjähriges Mädchen in das Hotelzimmer zu dem Mann, der sie mißbrauchen wollte, warteten draußen und gingen dann mit ihrer Tochter und dem Geld nach Hause zurück.[109]

Sextourismus

Die Industrie um den »Sex der Touristen« blüht in vielen asiatischen Ländern. Von drei Millionen Prostituierten, die es in Thailand wahrscheinlich gibt, sind etwa ein Drittel Kinder.

In Sri Lanka gibt es schätzungsweise 10 000 Kinder zwischen acht und vierzehn Jahren, die den Urlaubern Besuche abstatten und ihnen zu Diensten stehen. Im Gegensatz zu anderen Ländern sind hier die meisten der Kinder männlich.

Die Forschung der letzten Jahre hat ergeben, daß die Zahl der Kinder, die sich in Sri Lanka, auf den Philippinen, in Thailand und in Taiwan prostituieren, »drastisch angestiegen« ist. Das führte 1990 zur Gründung einer internationalen Aktion gegen die Kinderprostitution in Asien: ECPAT – »Beendet die Kinderprostitution im asiatischen Tourismus«.[110]

Nach den Angaben des internationalen Koordinators der Aktion gibt es »ein großes internationales Netzwerk der Pädophilen, die regelmäßig nach Südostasien fliegen oder oft auch permanent dort leben«.[111]

Und »einige von ihnen haben Häuser für arme Kinder eröffnet, die sie ›Waisenhäuser‹ oder ›Heime für obdachlose Kinder‹ nennen«. Doch dies ist ein grausamer Betrug. »Diese anscheinend barmherzigen Aktionen sind nur Täuschungsversuche pädophiler Organisationen, die solche Zentren einrichten, damit den pädophilen Touristen genug Kinder angeboten werden können.«

Zunehmende Angst und Perversion haben die Nachfrage nach Kindern in die Höhe getrieben. Forschungen ergaben, daß die Angst, sich mit Aids anzustecken, in vielen Fällen dazu beigetragen hat, daß jüngere Prostituierte begehrter sind. So bevorzugen die Kunden heute »zehn- bis zwölfjährige Kinder, sogar Achtjährige werden gesucht«.[112]

Die gestiegene Nachfrage nach unberührten Mädchen hat dazu geführt, daß Bordellbesitzer eine grausame Methode gefunden haben, ihre Kunden zufriedenzustellen. O'Grady enthüllte: »Mit der modernen Medizin ist es kein Problem, das Jungfernhäutchen wieder zuzunähen. Dazu wird dann noch ein Plastikbehälter mit Blut in die Vagina eingesetzt, so kann das Mädchen mehrmals als Jungfrau verkauft werden und jedesmal einen Beweis ihrer Unberührtheit liefern.«[113]

Subic Bay – eine Bucht in den Philippinen

Pater Cullen ist der Ansicht, daß Sextourismus die »schlimmste Form der Ausbeutung« ist. Seine Meinung, die er vielfach öffentlich kundtat, und seine Aktionen, mit denen er seinen Standpunkt verdeutlichte, haben ihn nicht gerade beliebt gemacht in Olongapo, einer Stadt an der philippinischen Küste. Er ist schon dreimal deportiert worden und bekam mehrfach Morddrohungen.

Aber er hört nicht auf, den bedürftigen Straßenkindern eine Unterkunft und eine Perspektive für die Zukunft anzubieten. Und er versucht, die stadtbekannten Kinderschänder vor Gericht zu bringen.

Solange Olongapo die Anlegestelle der Siebten Flotte der US-Marine war, lebte die ganze Stadt praktisch von der Prostitution. Regelmäßig kamen die Schiffe in diesen Hafen, um der Besatzung Ruhe und Entspannung zu ermöglichen. Doch zum Teil war es eine grausame Erholung.

Die englische *Jubilee Campaign* hat in ihrem Bericht einige schockierende Ereignisse aufgedeckt. So wurde bei einem achtzehn Monate alten Mädchen festgestellt, daß es mit Tripper infiziert war. Die Mutter des Kindes lebte zu der Zeit mit drei amerikanischen Matrosen zusammen.[114]

Darüber hinaus enthüllte dieser Bericht, daß es eine geheime Untersuchung der US-Marine-Behörde gab, die ermittelte, daß selbst vierjährige Kinder für Sex an Seemänner verkauft wurden. Acht Marineangehörige wurden verdächtigt, als Zuhälter gearbeitet zu haben, aber niemand wurde verhaftet oder vor Gericht gebracht.

Das wahrscheinlich grausamste Verbrechen, das in dem Bericht dokumentiert wird, geschah mit der zwölf Jahre alten Rosario Baluyot. Sie starb 1989 an Blutvergiftung, nachdem eine Notoperation in einem philippinischen Krankenhaus sie nicht mehr retten konnte. Die Ärzte hatten einen zerbrochenen Vibrator aus ihrer Scheide entfernt.[115]

Dieser Vibrator war von einem sechsunddreißig Jahre alten Österreicher eingesetzt worden. Der Mann hatte das Medizinstudium abgeschlossen. Aus einer Gruppe von Teenagern, die sich in einer Seitenstraße in der Nähe seines Hotels aufhielten, hatte er dieses Mädchen und einen vierzehnjährigen Jungen ausgewählt und mit auf sein Zimmer genommen.

Der Mann kam vor Gericht. Ihm wurde Vergewaltigung und Totschlag vorgeworfen, und sein Urteil lautete auf lebenslängliche Haftstrafe. Doch nach zwei Jahren war er wieder frei, wegen einer verfahrenstechnischen Frage.

Gegen Ende des Jahres 1992 wurde der Marinehafen in Subic Bay endlich aufgegeben. Die Soldaten ließen eine Stadt zurück, in der unzählige Kinderkörper und -seelen verletzt und zerstört sind und wo 5 000 Mischlingskinder leben, die amerikanische Väter haben.

Während dieses Buch geschrieben wird, versucht Pater Cullen gerade, in den USA einen Prozeß gegen die US-Marine und gegen die Beamten der Stadt Olongapo zu führen. Seine Anklage lautet: »Systematischer Mißbrauch von Kindern ... durch Seeleute«.

Amerika und Europa

Wenn junge Teenager in Amerika und Europa von zu Hause weglaufen, kommen sie fast immer mit Prostitution und Pornographie in Berührung. Das gilt für Jugendliche beiderlei Geschlechts.

Nach einer Serie von Mißerfolgen landete Eric in Los Angeles. In seiner Familie hatte es immer Streit gegeben, er machte sich kleinerer Verbrechen schuldig, versuchte einen Neuanfang, geriet dann zwischen seine Eltern, die sich gerade scheiden ließen, wurde mißbraucht, und zuletzt war er auf der Straße unterwegs, ohne Geld und ohne einen Plan, wie er an Geld kommen könnte.

Als Eric in einem Café bei einer Tasse Kaffee saß und nicht wußte, was er als nächstes tun sollte, sprach ihn ein älterer Herr an. Er machte einen gepflegten Eindruck und fragte ihn, wie lange er schon in der Stadt sei und was er als nächstes vorhätte. Als Eric zugab, daß er keine Ahnung hatte, wie es weitergehen könnte, machte der Mann ihm ein Angebot. Natürlich könne er ihm nicht dauerhaft helfen, aber für kurze Zeit wäre er bereit, ihn aufzunehmen. Zwar nur vorübergehend, und er könne auch nur auf dem Boden schlafen, aber er hätte dabei auch »keine komischen Hintergedanken«.

So ging zwei Nächte lang alles gut. In der dritten Nacht wurde Eric davon wach, daß der Kerl unter seine Decke kroch. Eric war hin- und hergerissen zwischen Entsetzen und Dankbarkeit für die erfahrene Hilfe. Er rührte sich nicht.

Der Junge war intelligent und sah gut aus, und er blieb. Er lernte die Drogen kennen, die gegen die unangenehmen Gefühle helfen. Dann verschaffte ihm der Mann eine gutbezahlte Arbeit. Eric wurde Model. Er arbeitet für schwule Hefte, für Wrestling-Zeitschriften und ähnliches.

Nach einiger Zeit kam der Mann mit einem anderen Teenager nach Hause. Das bedeutete für Eric, daß er weiterziehen mußte. Wieder stand er auf der Straße, in einer Tasche trug er seine wenigen Habseligkeiten. Aber jetzt wußte er einiges mehr als vorher, und er war nicht mehr so empfindlich und wählerisch. Er fand schnell heraus, daß er mit dem richtigen Kunden leicht 350,- DM pro Nacht verdienen konnte. Allerdings kam er mit dem Geld nicht sehr weit, die Drogen und das ganze Leben waren auch nicht billig …

Die Mitarbeiter der *Covenant House-Asyle* in New York und Kalifornien vermuten, daß die meisten jungen Leute, die zu ihnen kommen und Hilfe suchen, in irgendeiner Form schon mit käuflichem Sex in Berührung gekommen sind. Und sie sind verzweifelt über die Gesetze, die einerseits für Sechzehnjährige verbieten, Alkohol zu trinken, Auto zu fahren und zu wählen, die aber andererseits nichts dagegen einzuwenden haben, wenn Teenager in Pornofilmen auftreten.

Siebzig Prozent der Teenager, die in das *Safe House* der Gesellschaft für Kinder in Manchester, England, kommen, hatten schon mit irgendeiner Form der sexuellen Ausbeutung zu tun.

Für viele junge Ausreißer werden Sex und Drogen zu einem Teufelskreis, der sie immer weiter in die Tiefe reißt. Sie brauchen die Drogen, um ihre Scham- und Ekelgefühle zu dämpfen, und sie müssen diese beschämende Arbeit tun, um sich das Geld für die Drogen zu besorgen.

In den Entwicklungsländern kommen die Kinder meist mit Lösungsmitteln aus und nehmen vielleicht noch Marihuana, aber im Westen ist es häufig so, daß sie bald zu den harten Drogen übergehen: Kokain, Herion und sogar das tödliche *Crack*.

Olga Hernandez ist Krankenschwester im *Covenant House*. Sie erzählte dem Fernsehreporter Peter Lee Wright, daß die meisten Jugendlichen, die an Aids und den damit verbundenen Infektionen erkrankt sind, nach ihrer Erfahrung auch drogenabhängig sind.

»Allerdings nehmen sie gar keine intravenös zu applizierenden Drogen, sondern sie sind auf Crack. Wir haben miterlebt, wie Jugendliche in Crack-Häuser gehen, drei Tage später wieder herauskommen, und während der ganzen Zeit haben sie Sex gegen Crack getauscht. Crackhandel geht ohne Geld, nichts weiter, nur Sex. Wenn sie wieder herauskommen, können sie sich nicht mehr erinnern, ob sie mit drei oder mit dreihundert Männern Sex hatten. Und das betrifft Mädchen und Jungen gleichermaßen.«[116]

Einsame junge Mädchen finden »Freunde«, die sich väterlich um sie kümmern. Aber dann stellt sich heraus, daß es Zuhälter sind. Sie geben den Mädchen Drogen, und sobald sie abhängig sind, müssen sie für die Männer arbeiten, um ihren Konsum zu finanzieren. Der Abstieg geht oft sehr schnell. Zuerst arbeiteten sie in Luxushotels und machen das große Geld. Wenig später finden sie sich mit ihren Kunden auf den schmierigen Rückbänken von Autos wieder oder auf irgendeinem verlassenen Stück Land, und sie verdienen nur noch einen Bruchteil dessen, was sie zuerst bekamen.

Wenn sie auf dem Sex-Markt gar nichts mehr verdienen können, dann finden sich die jungen Mädchen oft in einer noch lebensverachtenderen Branche wieder. Aus Huren werden »Lastesel«. Sie schlukken in Kondome verpackte Drogen und schmuggeln sie über die Grenzen. Weil die Mädchen noch so jung sind, schöpfen die Zöllner keinen Verdacht.

Michelle und Liz taten diese Arbeit. Sie waren beide noch junge Teenager. Sie flogen zwischen London und New York hin und her. Aber eines Tages platzte ein Kondom in Michelles Magen, und das Kokain, das dabei frei wurde, tötete sie.[117]

Krankheiten

Zusätzlich zu den seelischen Verletzungen und der körperlichen Gewalt, die junge Menschen erfahren, wenn sie ihren Körper verkaufen, kommt noch das Risiko, sich an Krankheiten anzustecken, die vorwiegend durch Geschlechtsverkehr übertragen werden. Syphilis zum Beispiel hielt man jahrelang schon fast für ausgerottet, doch nun ist diese tödliche Krankheit wieder auf dem Vormarsch, und auch Gonorrhö nimmt wieder zu.

Und dann darf man natürlich Aids nicht vergessen. Straßenkinder sind eine bewegliche, weitgehend unbeachtete Bevölkerungsgruppe. Es gibt keine Möglichkeit, abzuschätzen, wie weit sich das Virus schon unter ihnen ausgebreitet hat. Aber viele befürchten, daß da auf unseren Straßen eine Zeitbombe tickt.

Die Kinder sind nicht nur durch Drogenkonsum und Prostitution in Gefahr. Häufig schlafen die Straßenjungen auch miteinander, und in den Straßenbanden gibt es Gruppen-Vergewaltigungen als Bestrafung für irgendwelche Vergehen. Verliert ein Straßenmädchen ihren »Mann«, ist sie sofort Freiwild für alle Jungs in der Gruppe.

Niemand weiß, wie weit die Straßenkinder mit HIV infiziert sind. Aber so absurd das auch klingt, diese große, drohende Gefahr birgt in sich auch einen Hoffnungsschimmer. Denn »die Situation der Straßenkinder rückt in dem Maße in den Vordergrund des öffentlichen Interesses, wie sie sich mit dem Thema Aids verbindet. Bis heute haben wir uns nicht viele Gedanken über Straßenkinder gemacht und sie weitgehend ignoriert«, wurde den Abgeordneten einer internationalen Aids-Konferenz 1990 vorgetragen.[118]

In Belo Horizonte hat die Zahl der Aids-Erkrankten so zugenommen, daß ein mit Straßenkindern Arbeitender ein Haus gekauft hat für den einzigen Zweck, die Kinder, die im Sterben liegen, aufzunehmen.

Die Familie Lukasse und ihre Mitarbeiter nehmen infizierte Mütter mit ihren Kindern auf, Mütter, die eigentlich selbst noch Kinder sind. »Sie sind allein schon durch das Leben auf der Straße unterernährt und in gesundheitlich schlechtem Zustand. Deshalb haben sie wenig Widerstandskräfte, wenn die Krankheit ausbricht«, erklärt Jeannette Lukasse.

Obwohl Aids für so viele Schlagzeilen sorgt, machen sich die Straßenkinder wenig Gedanken darüber. Reina ist fünfzehn Jahre alt. Die Hälfte ihres Lebens hat sie als Prostituierte verbracht. Ihre Meinung zu Aids ist: »Warum sollte ich mir darüber Gedanken machen, daß ich nächstes Jahr an Aids sterben könnte, wo ich morgen schon tot sein kann?«[119]

Aber auch wenn die Straßenkinder selbst sich wegen Aids keine Gedanken machen, so kann die Verbreitung des Virus unter ihnen doch ein weiterer Grund sein, warum die Leute kein Interesse haben, in ihre Nähe zu kommen und ihnen zu helfen.

Während die Familie Lukasse dabei war, ein Haus für HIV-infizierte Straßenkinder zu öffnen, erschien in der lokalen Presse der Bericht eines Straßenjungen, der an Aids erkrankt war und im Sterben lag. Ein Krankenwagen fuhr ihn durch die Stadt auf der Suche nach einem Krankenhaus, das den Jungen aufnehmen würde. Der Krankenwagen war vier Tage lang unterwegs, doch der Junge wurde überall abgewiesen.[120]

»Am vierten Tag starb er schließlich in dem Wagen …«

Sklavenarbeit

Die zunehmende Angst vor Aids unter Straßenkindern macht der Öffentlichkeit auch bewußt, wie sehr die Kinder sexuell mißbraucht werden. Aber Sex ist nicht die einzige Art, wie Kinder ausgebeutet werden. Die Erwachsenen machen auch noch andere Geschäfte mit ihnen.

Millionen von Kindern landen in verschiedenen Arten von Sklavenarbeit. Sie arbeiten viele Stunden täglich, oft unter gefährlichen Arbeitsbedingungen, für einen geringen Lohn.

Peter Tacon, der Gründer der internationalen Vertretung der Straßenkinder *Childhope*, hat beobachtet, daß in vielen Ländern die Gesetze zum Wohl der Kinder und die Regelungen bezüglich Arbeit zwar verbieten, daß Kinder unter zwölf oder vierzehn Jahren arbeiten. Aber diese Gesetze zum Schutz der Kinder haben keine Lösung vorgesehen für die Probleme der »nackten Armut und der menschlichen Grundbedürfnisse wie Nahrung, Wohnung und Kleidung«.[121]

Auf diesem Hintergrund fordert Tacon nicht in erster Linie »Gesetze, die es den Kindern grundsätzlich verbieten, irgendeine Arbeit zu tun, sondern Gesetze, die Mißbrauch und Ausbeutung der Kinder an ihren Arbeitsplätzen verhindern ... Denn die ungerechten wirtschaftlichen Bedingungen haben ohnehin schon dafür gesorgt, daß Kinder arbeiten müssen, wenn sie nicht zugrunde gehen wollen. Das mindeste, was wir dem entgegensetzen könnten, wären Vorkehrungen gegen weitere Verletzungen unserer jüngsten Arbeiter.«[122]

Die Kinder, die den Autofahrern in Lima Streichhölzer, Blumen, Zigaretten und Süßigkeiten verkaufen, leben sehr gefährlich. Sie müssen sich immer zwischen den Autoschlangen bewegen, die jeden Moment wieder anfahren können. Und für diese Arbeit werden immer die jüngeren Kinder bevorzugt, weil sie eher das Mitleid der Käufer wekken und man ihnen schwerer etwas ablehnen kann.

Die Kinder, die in den Mülltonnen nach Plastikflaschen und alten Zeitungen suchen, die sich wiederverkaufen lassen, schneiden sich oft an dem Müll und bekommen dann schlimme, entzündete Wunden. Diese Arbeit muß man früh morgens machen, am besten schon ab 5 Uhr, um noch die besten Sachen zu finden, bevor der Müll schon von anderen ausgelesen wurde.

Arbeitende Straßenkinder leben auch immer in der Gefahr, von Erwachsenen mit Gewalt und Erpressung beherrscht zu werden. Joned zum Beispiel kontrolliert alle Tätigkeiten der Straßenkinder in Senen, dem Einkaufszentrum Jakartas. Er hat alles so gut im Griff, daß die Jungs, die Schuhe putzen, von dieser Gegend als der »Gefahrenzone« reden.[123]

Joned bekommt von allen Kindern, die in dieser Gegend arbeiten, einen Teil ihres Verdienstes. Wenn er einen Jungen antrifft, dem er nicht erlaubt hat, dort zu arbeiten, dann beschlagnahmt er sein Schuhputzzeug und nimmt ihm mit Gewalt sein ganzes Geld ab.

Auch Polizei und Sicherheitspersonal nutzen oft ihre Position und ihre körperliche Überlegenheit aus, um von den Kindern Geld zu nehmen, ihre Waren zu beschlagnahmen, sie zu prügeln und zu vergewaltigen. Um dem zu entgehen, können die Kinder sie mit einem Teil ihres Einkommens »beschwichtigen«.

In manchen Gegenden werden die Kinder auch im Namen Allahs ausgebeutet. Zeitungen in Senegal, Westafrika, führten eine Kampagne durch, in der sie sich sehr über die »versteckte Kindersklaverei« empört haben, die Hunderte von Kindern auf den Straßen dazu antreibt, von Touristen Geld zu erbetteln.[124]

Es hat sich wie eine Seuche ausgebreitet, alle bitten um »Sarax ngir Yalla – eine milde Gabe für Allah«. Das ist »verwurzelt in den religiösen Praktiken der Mehrheit des islamischen Landes«. Denn unter Moslems gilt, daß »jeder, der genug zu essen hat, dem etwas abgeben muß, der nichts hat. Wer nichts zu essen hat, darf von dem etwas erbitten, der genug hat.«[125]

Auch in vielen anderen Teilen der Welt tragen religiöse Weltanschauungen dazu bei, daß schlimme Situationen erhalten bleiben oder sogar neu geschaffen werden.

Die großen wirtschaftlichen Probleme Indiens sind sicher der naheliegende Hauptgrund für die Armut und die große Zahl der Obdachlosen des Landes. Aber die Hindus glauben an Reinkarnation und Karma. Das Ergehen in diesem Leben ist der Lohn oder die Strafe für das vorige Leben. Dieses Denken wirkt sich so aus, daß viele nicht in das Karma eingreifen wollen, indem sie einem Menschen helfen, der doch nur seine verdiente Strafe bezahlt und im nächsten Leben dann wieder befördert werden wird.

Indien ist das Land mit den meisten arbeitenden Kindern weltweit. Man schätzt, daß die Zahl der erwerbstätigen Kinder zwischen 15 und 49 Millionen liegt. Aber viele von ihnen sind keine Straßenkinder der Großstädte, sondern sie kommen aus ländlichen Familien, deren Lebensunterhalt durch das Einkommen in der Fabrik oder in der Werkstatt aufgebessert wird.

Aber auch in Städten wie Kalkutta gibt es viele arbeitende Kinder. Kleine Jungs werden als Sklaven in engen Werkstätten gehalten, in Autoläden und Reparaturhöfen, zwischen gefährlichen Maschinen und giftigen Abgasen.

Eine inoffizielle Studie ergab, daß 67 Prozent dieser Kinder zwischen elf und fünfzehn Stunden täglich arbeiten, und weitere 20 Prozent arbeiten sechzehn bis achtzehn Stunden pro Tag.

Eine Studie, die das Institut für psychologische und pädagogische Forschung in Kalkutta durchführte, ergab, daß sich Kinder, die in einer gefährlichen und ungesunden Umgebung arbeiten, in der Folge oft Krankheiten wie Bronchialasthma, Mandelentzündungen und Augenbeschwerden zuziehen. Darüber hinaus wird bei arbeitenden Kindern die schulische Ausbildung vernachlässigt, und sie verarmen emotional.[126]

»Viele kriminelle Erwachsene kommen aus diesem Hintergrund. Sie mußten als Teenager arbeiten, hatten keine Gelegenheit zur Sozialisation und entwickelten eine gemeine, hintertriebene Persönlichkeit«, folgert die Studie.

Wenn in einer Stadt die Straßen überfüllt sind mit bettelnden Menschen, wenn es mehr Bettler als Almosen gibt, wenn ganze Familien auf der Straße leben und jedem Passanten ihre leeren Hände entgegenstrecken, dann kann aus der Verzweiflung der Armen auch ein krimineller Scharfsinn erwachsen. So beschreibt ein amerikanischer Besucher die Stadt Kalkutta als eine »Stadt der Toten und der Sterbenden, als Nekropolis«.

Einige der Jungen vom Howrah-Bahnhof entdeckten eine neue Einkommensmöglichkeit in der kultischen Tempelanlage auf der anderen Seite des Flusses Hooghly, gegenüber dem entfernteren Bahnhofseingang.

Dieser Tempel mit seinen Treppen und Schreinen direkt am Wasser ist der Ort, wo die Hindus beten und sich rituellen Waschungen unterziehen.

»Wir warten, bis die Leute weg sind, und dann tauchen wir nach den Münzen, die sie ins Wasser geworfen haben. In zwei oder drei Stunden kann man einiges an Geld finden«, erklärte der vierzehnjährige Milthu. Aber der Kopfsprung in das trübe Wasser, das eine starke Strömung hat, ist nicht ungefährlich. Vor allem ist es nicht immer leicht, den Fähren und Booten auszuweichen, die regelmäßig den Fluß passieren.

»Einige Jungs sind schon ertrunken. Eines Tages, als ich tauchte, erfaßte mich die starke Kielwelle eines Schiffes. Zum Glück hat mich jemand gepackt und herausgezogen.«

Der internationale »Kinderhandel« bedient nicht nur die Märkte der Prostitution und der illegalen Adoption, sondern er liefert auch billige Arbeitskräfte, ergaben die Nachforschungen des Journalisten Tim Tate.[127]

Er zitierte die Berichte von *Defence of Children International* für Jugoslawien 1986, in denen steht: »Viele Straßenkinder in Italien kommen aus armen Gegenden Jugoslawiens und wurden von ihren Eltern regelrecht in die Sklaverei verkauft ...«

»Nachdem sie nach Italien hineingeschmuggelt wurden, werden sie von ihren Fängern, die Zigeuner sind, angeleitet, kleine Verbrechen zu begehen. Seit Jahren gibt es diesen Sklavenhandel zwischen Jugoslawien und Italien ... Beamte in Rom schätzen, daß mehr als 10 000 jugoslawische Kinder nach Italien gebracht worden sind, die mit den Zigeunern in Lagern außerhalb der Städte leben ...«

Während Duncan und Jenni Dyason dem Schwarzhandel mit Kindern nachspürten, machten sie in der Stadt Guatemala eine schockierende Entdeckung. Sie arbeiteten dort mit einem Team zusammen unter Straßenkindern.

Eines Tages bot ihnen jemand Geld für ihre kleine Tochter an. Später folgte ihnen ein Ehepaar und versuchte, das Kind aus ihren Armen zu entwinden. Das war der Auslöser für ihre Nachforschungen.

Eine Rechtsanwalts-Referendarin »sagte ihnen, daß ihr ein Krankenhaus bekannt sei ... in dem Kinder eingeliefert werden, um als Organspender ausgebeutet zu werden. Dort würden ihnen Augen und andere Organe entfernt.«[128] Als die Dyasons um nähere Angaben baten, machte die Frau eine Bewegung »mit dem Zeigefinger quer über den Hals und sagte, daß sie ihr Leben noch liebe. Dann bat sie die Ausländer zu gehen«.[129]

Kapitel 7

Das vergessene Missionsgebiet

»Mein Gott, wie klein er ist!« rief Mrs. Sowerberry.
»Er ist allerdings klein«, sagte Bumble, Oliver unwillig anschauend, als ob die Schuld an ihm liege, daß er nicht größer sei.
»Er wird aber größer werden, Mrs. Sowerberry.«
»O ja, auf unsere Kosten«, entgegnete sie verdrießlich, »Waisenkinder kosten immer mehr, als sie wert sind.«
Oliver Twist, 4. Kapitel, Seite 21

Der zweite »Gipfel«

Glen Eyrie ist ein englisches Schloß, das aussieht wie aus einem Hollywood-Film. Das Gebäude aus der Zeit der Jahrhundertwende steht am Rande des »Gartens der Götter«, einer malerischen, felsigen Gegend in Colorado Springs, am Fuße eines der berühmtesten Gipfel der Rocky Mountains.

Der Kriegsveteran des amerikanischen Bürgerkriegs, General William Jackson Palmer, hat sich dieses Haus im Tudor-Stil als Alterssitz gebaut. Aber seit vierzig Jahren ist es die Zentrale der »Navigatoren«, ein Zentrum für biblisch orientierte Jüngerschaft und Mission.

1992 fand hier der christliche »Weltgipfel für Kinder« statt. Die Verantwortlichen und die Leiter von über vierzig großen Missionsorganisationen und Missionsgesellschaften trafen sich zur jährlichen Konferenz des »Außenmissions-Bundes aller biblischen Kirchen und Gemeinden«.[130] Das Thema des Treffens lautete in diesem Jahr: »Wie erreichen wir die Kinder der Welt?«

Der Leiter des Missionsbundes, Paul McKaughan, erklärte, wie es dazu kam, daß die Probleme der Kinder, die gewöhnlich nur am Rande behandelt werden, zum zentralen Thema erhoben wurden, während Fragen der Missionsorganisation, des Spendensammelns und der Gemeindegründungsstrategien, die normalerweise im Zentrum stehen, zugunsten der Kinder an den Rand gedrängt wurden. Er sagte schlicht: »Wenn wir darüber reden, wie wir unerreichte Volksgruppen erreichen können und dabei die Kinder und Jugendlichen übersehen, dann haben wir unsere Strategie falsch aufgebaut.«[131]

Doug Nichols fiel die Aufgabe zu, das Gewirr der Statistiken zu einem Vortrag zusammenzufassen und gegenüber den Konferenzteilnehmern die Anliegen der Kinder zu vertreten. Nichols arbeitet jetzt von den USA aus, war aber vorher jahrelang unter den Straßenkindern auf den Philippinen tätig. Er leitet die Arbeit von *ACTION International*, einer der wenigen Missionsgesellschaften unserer Zeit, die sich auf die Nöte der Straßenkinder konzentrieren.

Er bezog sich auf die geschätzte Zahl von 100 Millionen Straßenkindern, die es wahrscheinlich weltweit gibt, und fragte die anwesenden Leiter:

> *»Kümmert dich diese Zahl? Wie würde sie auf dich wirken, wenn dein Kind oder dein Enkel darunter wäre?«*
>
> *»Wenn man in jeder Sekunde ein Kind zählen würde, könnte man sechzig Kinder pro Minute zählen und 3 600 in einer Stunde. Wenn man in derselben Geschwindigkeit fortfahren würde, ohne zu schlafen, käme man in einem Tag auf 86 400 Kinder. Nach über dreiundzwanzig Tagen hätte man zwei Millionen gezählt. Um die hundert Millionen Straßenkinder der Welt zu zählen, bräuchte man mehr als drei Jahre und zwei Monate. Und jede Zahl, die man in der Zeit gezählt hätte, ist nicht nur eine Nummer, sondern ein Kind voller Leben, das von Gott geliebt ist und für das Jesus sein kostbares Blut vergossen hat. Hundert Millionen. Stellt euch das vor!«*
>
> *»Einige dieser Kinder sind noch sehr klein und süß. Sie können auch noch lächeln. Aber die meisten sind älter, sie haben kaputte Zähne und narbige Gesichter, sind voller Krankheiten, haben Läuse und Flöhe, schauen mit verschlagenen, mißtrauischen, ängstlichen Augen. Sie sind arm, ausgestoßen, verlassen, ausgebeutet ... die Kinder von den Straßen.«*[132]

Nichols fuhr fort, diese versammelten Missionsleiter herauszufordern, viele ihrer bestehenden Strategien und Aktivitäten zu überdenken und mehr Anstrengung in das Erreichen der Straßenkinder zu investieren.

Obwohl dieser Appell auf der Konferenz sehr viel Beifall bekam, blieb er praktisch doch bis heute ein einzelner Schrei, der weitgehend ungehört verhallte. Ein oder zwei ermutigende Reaktionen gab es allerdings.

Der stellvertretende Leiter für Forschung und Planung im Außenmissionskomitee der *Southern Baptist*, John Cheyne, stellte in einem Artikel für seine Denomination Straßenkinder als das »neue Missionsgebiet« vor.

Die meisten Straßenkinder wachsen in einer völlig entchristlichten Umgebung auf, sie »wissen nichts von Jesus, dem Erlöser«, schreibt er.[133]

»Wenn sie die Kirche überhaupt wahrnehmen, dann nur durch ihr Versagen ...«

»Wo sind die Gemeinden? Man findet sie für gewöhnlich nicht in den Slums. Auch an den Straßenecken sieht man sie selten. Die 145 Millionen Kinder in der Welt scheinen keine Zielgruppe der Christen zu sein. Aber sie sind eine der größten einheitlichen Volksgruppen innerhalb ihrer eigenen Länder, und sie sind bisher vom Evangelium fast nicht erreicht worden.«

»Ist es nicht höchste Zeit, daß wir diese neue Missionsfront ernsthaft ins Auge fassen, nicht nur als Ziel unserer Evangelisationen, sondern auch mit praktischer Hilfe?«

»Morgen könnte es schon zu spät sein.«

Die in England ansässige Organisation *World Horizons* hat in ihrer Zeitschrift die Straßenkinder Brasiliens als »unerreichte Volksgruppe« geschildert und um Unterstützung ihrer Arbeit in diesem südamerikanischen Land gebeten.

Sie druckten die Geschichte des sechsjährigen Sohnes einer reichen argentinischen Familie. Im Flughafen in Buenos Aires verlor er seine Eltern und geriet irgendwie unbemerkt in eine Maschine, die Brasilien anflog.

Angekommen in Brasilien wurde er wiederum unbemerkt durch alle Kontrollen geschoben und landete schließlich in der Altstadt von Belo Horizonte. »Dort verbrachte er seine erste Nacht im Freien, es war kalt, er hatte Hunger, war einsam und hatte entsetzliche Angst. Unter einer Brücke weinte er sich in den Schlaf, rief immer wieder nach Mutter und Vater, die niemals kamen ...«

Sechs Jahre lang überlebte er durch Betteln, als Straßenfeger und mit Stehlen, er lebte von der Hand in den Mund. Bis eines Tages ein

Journalist diese Gegend besuchte, weil er einen Artikel über Straßenkinder schreiben wollte. Als der Junge ihm seine Geschichte erzählte, war der Journalist zunächst skeptisch, stellte aber doch Nachforschungen an. Er entdeckte, daß die Geschichte sich tatsächlich so zugetragen hatte, und er konnte dazu beitragen, daß der Junge wieder zu seiner Familie kam. Die Freude auf allen Seiten war unermeßlich.

»Das war ein wunderbares Happy-End«, schrieb *World Horizons*, »aber für die anderen sieben Millionen Kinder in Brasilien wird es nicht so glücklich ausgehen. Ihnen bleibt nur der tägliche, verzweifelte Kampf um ihr Leben. Auch sie weinen in der Nacht, genau wie der argentinische Junge, aber niemand hört sie. Doch Gott sieht ihre Tränen.«

Zwei Jahre nach dem Missionsgipfel für Kinder in Glen Eyrie muß man feststellen, daß die Worte auf viele taube Ohren gestoßen sind.

Die blinden Flecken in der Mission

Als Wesley Stafford, der Präsident von *Compassion International* eine andere, große Missionskonferenz besuchte, achtete er darauf, wie oft das Wort »Kinder« erwähnt wurde. Das Wort fiel nur »ein dutzend Mal ... und kein einziges Mal in einem wichtigen Zusammenhang. Es wurde nicht ein Mal darüber geredet, wie man die Kinder unabhängig von ihren Eltern erreichen könnte.«[134]

Einige der Gesellschaften, die an der Konferenz in Glen Eyrie teilgenommen haben, fangen an, sich mit einigen der Punkte dieser Konferenz auseinanderzusetzen. Für manche war es wichtig, eine umfassende Neubewertung aller ihrer Aktivitäten vorzunehmen. Aber bei vielen Missionswerken ist der Aufruf Nichols noch gar nicht angekommen.

Wer sich aber der Herausforderung stellt, wird die Tatsache erkennen, die der Vizepräsident von *World Vision*, Bryant Myers, hervorhebt. »Kinder und Jugendliche sind ein großer blinder Fleck im Bewußtsein der christlichen Mission.«[135]

»Wenn Kinder und Jugendliche für die Mission so wichtig sind, wie ich vermute, dann wird man erkennen, daß unsere Denkweise in bezug auf Mission und unsere Art, das Evangelium heute in einem,

den ganzen Menschen umfassenden Zusammenhang zu vermitteln, nicht ausreichend sind.«

Will man diesen Mißstand beheben, muß man viele alte Werte neu überdenken, einige Mythen aufgeben und sich einige ernste Fragen stellen.

Einer der unausgesprochenen Werte, der bei vielen Missionsarbeiten einfließt, ist die unbewußte Orientierung an den Standards der eigenen Heimatgemeinde. Das wird in der Bibel so formuliert, daß wir immer wieder das hervorbringen, was wir selbst sind. Vögel brüten Vögel aus, Hunde bringen Hunde zur Welt. Und Gemeinden, die zu Hause ihre Kinder wie Menschen zweiter Klasse behandeln, werden auch in ihren Missionsarbeiten so tun, als ob Kinder nur Menschen zweiter Klasse sind.

Das ist keine bewußte Vernachlässigung der Kinder, sondern es ist ein Schaden, der mehr aus Versehen geschieht. Es ist die Folge der Erfahrung, daß Kinderarbeit irgendwo in einer Ecke des Gemeindelebens untergebracht wird, daß sich aber die eigentliche Gemeinde bei den Erwachsenen abspielt.

Es ist nur natürlich, daß wir die Kinder, die in einem anderen Land am Rande der Gesellschaft leben, oder die sich am anderen Ende unserer Stadt durchschlagen müssen, übersehen und vergessen, wenn wir die Kinder in unserer Gemeinde und in unserem Wohnumfeld entweder gar nicht wahrnehmen oder sie als unbequem, vielleicht sogar als störend empfinden.

Wenn wir uns so verhalten, als wäre das Reich Gottes nur eine Angelegenheit der Erwachsenen, dann haben wir die Warnung Jesu außer acht gelassen, der gesagt hat, daß wir wie Kinder werden müssen, um das Reich Gottes zu sehen. Diese unbiblische Sicht der Kinder ist eine Folge der falschen Lehre vieler Gemeinden, die so tun, als hätte Erlösung etwas mit dem Verstand zu tun, obwohl sie doch nur mit einem glaubenden Herzen angenommen werden kann.

Viele tun so, als wäre man dann ein Christ, wenn man die richtigen Dinge weiß, obwohl es doch darauf ankommt, die richtige Person zu kennen. Muß jemand, der Christ werden will, alle Feinheiten unserer Predigt verstanden haben? Dann ist es eine Botschaft für Erwachsene. Für Kinder und einfache Leute stünde dieser Weg dann nicht offen …

Die Auswirkungen dieser Denkweise sehen wir überall in den Gemeinden. Die Kinder werden in ungeeigneten Räumen irgendwo im

Oben: *Am Tag zu schlafen bedeutet so etwas wie Hoffnung, die Nacht auf Manilas Straßen zu überstehen.*

Links: *Die fünf Jahre alte Rosie hinter schützenden Gittern in Olongapo City. Sie wurde von P. Shay Cullen aufgegriffen und in Sicherheit gebracht. P. Cullen arbeitet mit* Jubilee *zusammen, um Kinder auf den Philippinen zu schützen.*

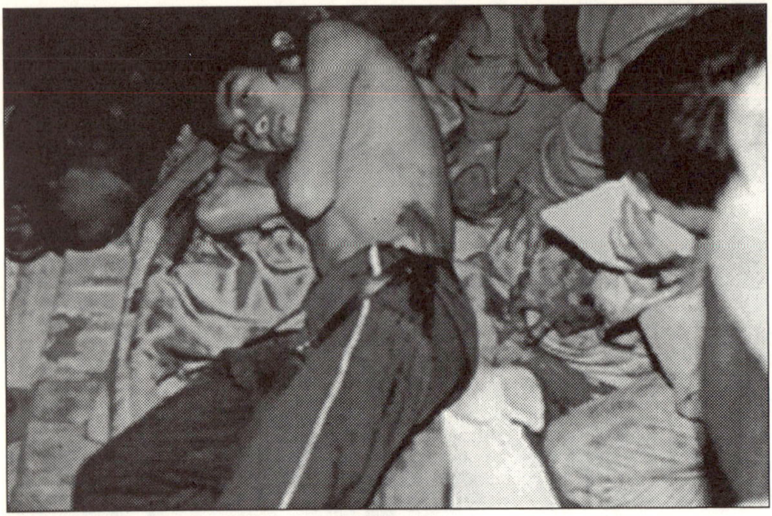

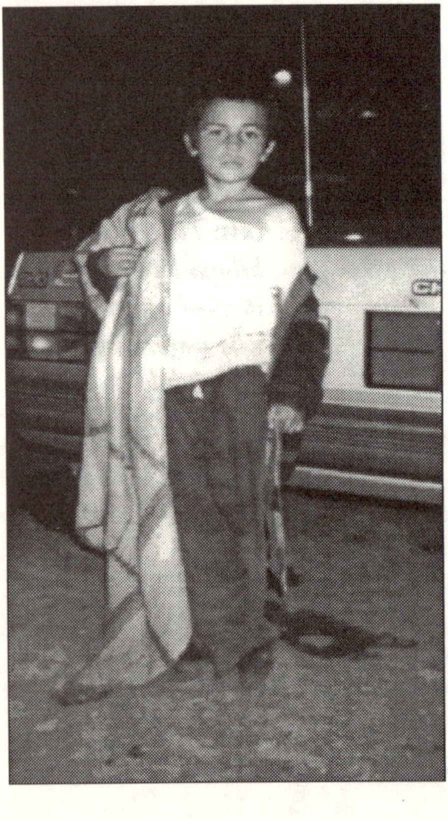

Oben: *Gewalt gehört zum Alltag. Diesem Jungen wurde mit einer Schere in den Rücken gestochen.*

Links: *Dieser kleine Bengel hat sieben von seinen zwölf Jahren auf der Straße gelebt.*

Oben: *Eine Straßenkinder-»familie« in Brasilien. Ihr Zuhause ist ein Handkarren.*

Unten: *Ein brasilianischer Junge erhält eine warme Mahlzeit durch einen örtlichen Hilfsdienst für Straßenkinder.*

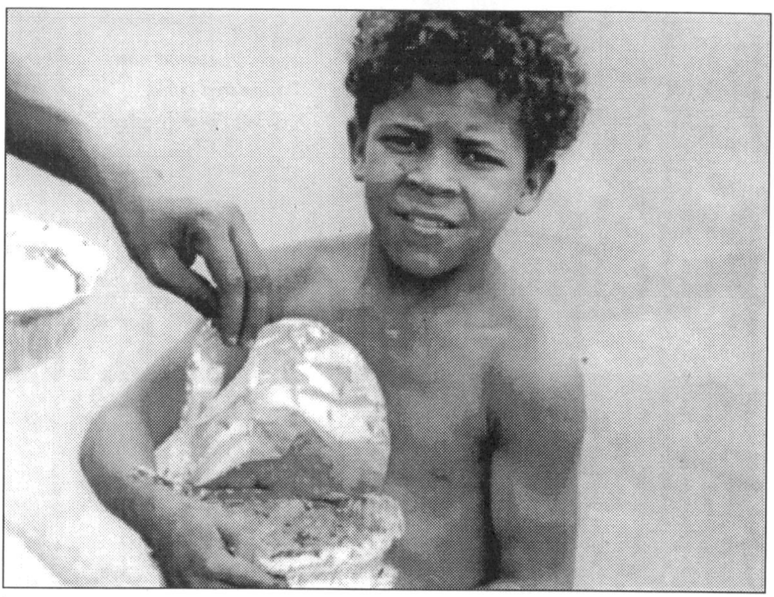

***Oben:** Der Körper eines »weggeworfenen« Kindes am Strand von Rio. Das* Newsweek*-Magazin schätzt, daß jeden Tag drei Kinder von den Todeskommandos umgebracht werden.*

© O. Povo/Jubilee

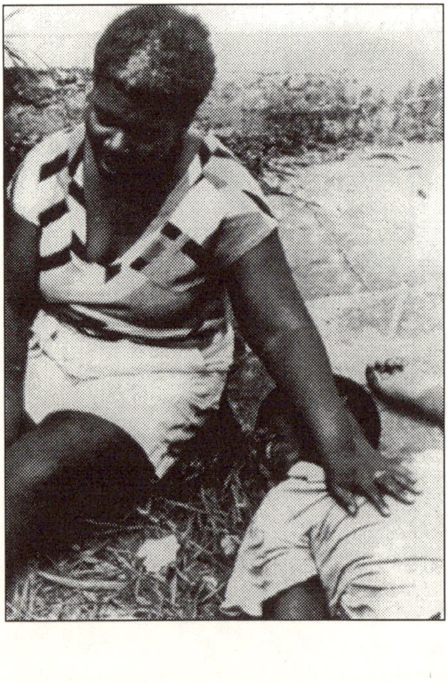

***Links:** Eine Mutter weint um ihr ermordetes Kind.*

© O. Povo/Jubilee

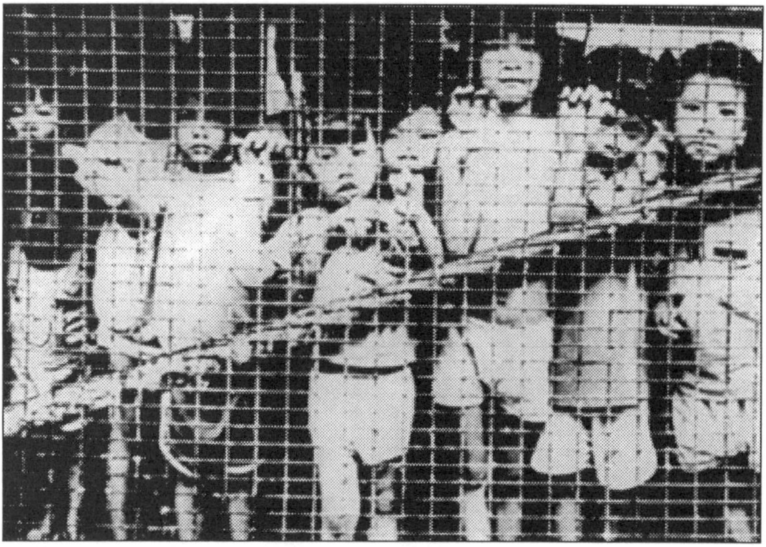

Oben: *Eingefangene Kinder erwarten ihr Schicksal.*

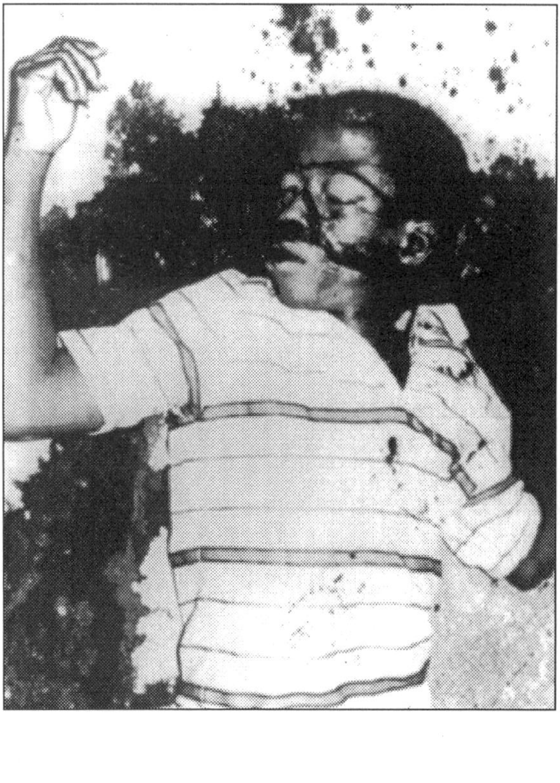

***Links**: Ein ermordeter Junge, Brasilien.*

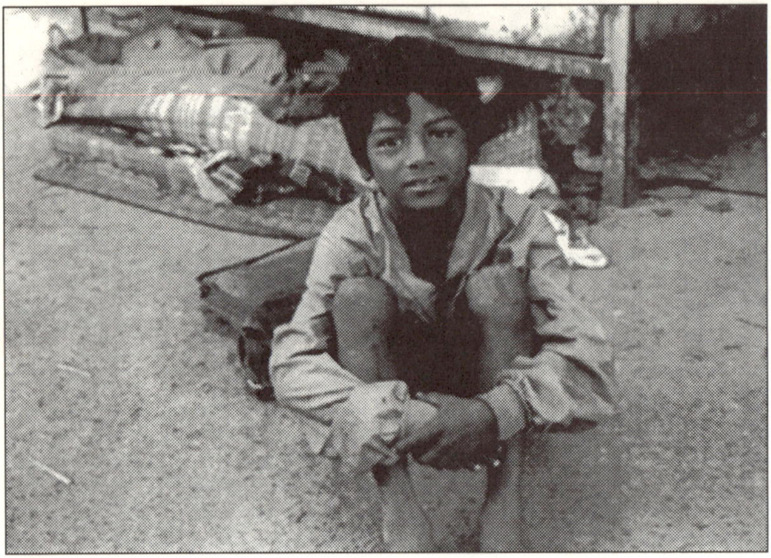

Oben: *Ein indischer Straßenjunge, dessen »Heim« auf dem Bahnsteig des Howrah-Bahnhofs in Kalkutta, Indien, ist.*

Unten: *Gewalt ist für Straßenkinder ständig gegenwärtig. Sie kann jeden Moment ausbrechen – und sei es nur wegen eines Stück Brotes.*

Oben: *Vögel haben ihre Nester, aber die Straßenkinder von Nairobi haben nicht einmal ein Dach über dem Kopf. Für sie ist der Asphalt der Stadt gerade gut genug.*

Unten: *»Wir hängen zusammen, ja, Leute vom gleichen Schlag müssen zusammenhalten.«*

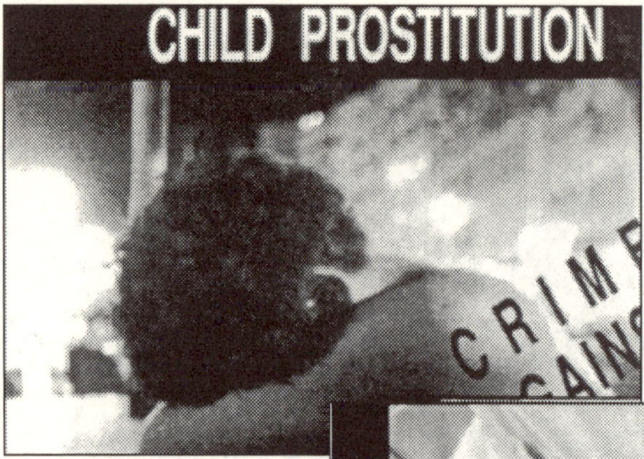

Links: *Postkarte an die Vereinten Nationen, um auf die weltweite sexuelle Ausbeutung von Kindern hinzuweisen. Organisiert wurde diese Aktion von* Jubilee.

Rechts: *Postkarte an den Präsidenten von Guatemala, die ihn auf die Ermordung und Mißhandlung von Straßenkindern durch die Polizei Guatemalas hinweist.*

Eine Jubilee-*Aktion.*

Unten: *John Major mit Roberto dos Santos, dem Direktor des Sao Martinho-Heimes in Brasilien und Aninha Capaldi von* Jubilee. *Der Premierminister erkundigte sich ausführlich nach den fortgesetzten Morden an Straßenkindern.* Weltkongreß Juni 1992.

Gemeindegebäude beschäftigt, während die Eltern in dem schönen Hauptraum gemütlich die Predigt genießen. Unterdessen kümmert sich ein kleines Team von engagierten Müttern und einigen älteren Teenagern Sonntag für Sonntag um die Kinder. Die Aufgaben der Männer sind oft viel besser angesehen, wenn sie Ordner sind oder den Erwachsenen das Abendmahl austeilen. Der obligatorische monatliche Familiengottesdienst langweilt viele Erwachsene und läßt den Kindern gespielt gönnerhaft einmal den Vortritt.

All das macht deutlich, wie wenig wir in den Kindern die Gemeinde von morgen sehen – wenn sie älter sind und still sitzen können und nicht mehr mit den Liederbüchern herumspielen, dann vielleicht.

Wenn wir so oder ähnlich unseren eigenen, hübsch angezogenen Kindern gegenüber nur eine unaufrichtige Wertschätzung entgegenbringen können, wieviel schwerer wird es uns fallen, die schmutzigen Kinder zu lieben, die wir gar nicht kennen.

Zum Teil können es unbewußt auch praktische Gesichtspunkte sein, die unser wenig kinderfreundliches Verhalten geprägt haben. Langfristig gesehen ist ein erwachsenes Gemeindemitglied viel effektiver. Der Erwachsene kann einen Erfahrungsbericht geben, kann bei Straßeneinsätzen mitmachen, kann spenden, und all das wird der Gemeinde helfen, in ihrer Arbeit und in ihrer Mission effektiv zu sein.

Aber Jesus hat Kindern einen anderen Wert beigemessen.

Der Missionsbefehl

Viele Missionsaktivitäten am Ende des zwanzigsten Jahrhunderts sind in ihrem Kern eine Mischung aus Prinzipien und Sachlichkeit. Hat doch das herannahende Ende des zweiten Jahrtausends viele Gesellschaften und Denominationen aufgerüttelt, und sie haben sich neu zum Ziel gesetzt, den Missionsauftrag zu vollenden und die gute Nachricht von Jesus zu jeder Volksgruppe der Erde zu bringen.

Sie bemühen sich um Jesu »letzten Befehl« in dem Bewußtsein, als Christen alle zwar eins, aber durchaus auch verschieden sein zu können.

Einerseits schreibt der Apostel Paulus, daß alle Volkszugehörigkeiten und alle Standesunterschiede, die sie prägten, bevor sie zu Jesus kamen, nun zweitrangig sind. »Es gibt nicht mehr Juden und Griechen, nicht Sklaven und Freie, nicht Mann und Frau; denn ihr alle seid ›einer‹ in Christus Jesus«, betont er.[136]

Und doch beinhaltet der Missionsauftrag Jesu auch das Bewußtsein, daß es selbstverständlich Unterschiede zwischen den Völkern gibt. Seiner Aufforderung »in alle Welt zu gehen« folgt die Anweisung, »allen Nationen« das Evangelium zu predigen. Aber das hier verwendete griechische Wort heißt in der Einzahl εθνος, *ethnos*, was in erster Linie »ein Volk« bedeutet, also nicht eine politische Nation, wie sie auf der Landkarte eingezeichnet ist.

Die Missionswissenschaftler haben definiert, daß eine Volksgruppe sich von der nächsten durch eine eigene Sprache, einen eigenen Lebensstil und einen abgegrenzten Lebensraum unterscheidet. Eine unerreichte Volksgruppe kann nur dann das Evangelium hören, wenn jemand aus einem anderen Volk zu ihnen geht und ein Teil ihrer Welt wird.

Diese Erkenntnisse werden heute in die Tat umgesetzt, und viele Missionsinitiativen werben für solche Dienste, die sich auf eine bestimmte Volksgruppe konzentrieren und beschränken. Sie suchen nach Wegen, wie man das Evangelium so vermitteln kann, daß dieses Volk in der Lage ist, es zu verstehen und anzunehmen. Hierbei gehen sie Wege, die sich oft auf kein anderes Volk übertragen lassen.

Eine ähnliche Denkweise kennzeichnet auch die Gemeindewachstumsbewegungen in den westlichen Ländern. Die Gemeinden schneiden ihre Gottesdienste auf ganz bestimmte Zielgruppen zu, ob das nun Singles über Dreißig sind oder Geschiedene oder Heavy-Metal-Fans. Sie denken sich in diese Gruppe hinein und verwenden ihre Sprache und ihren Stil, um ihnen das Evangelium angemessen nahezubringen.

Will man, daß ausreichend viele Christen eine bestimmte Volksgruppe zu ihrer Zielgruppe machen, muß man Wege finden, das Interesse und das Engagement der Christen zu fördern und auch über längere Zeiträume zu erhalten. Denn es braucht viele Christen, die entweder bereit sind, zu dem Volk zu gehen, oder die von zu Hause aus mithelfen, das Team mit Gebet, Finanzen und praktischer Hilfe zu unterstützen.

Schlechte Aussichten

Wenn man die unerreichten Volksgruppen unter dem Aspekt vergleicht, wie man mit Öffentlichkeitsarbeit Christen motivieren und mobilisieren kann, sich für eine Gruppe einzusetzen, dann schneiden die Straßenkinder sehr schlecht ab. Mit den farbenfrohen Kulturen, mit alter Geschichte und fremder Tradition der anderen Völker können Straßenkinder nicht mithalten. Streng marktwirtschaftlich gesehen haben die Straßenkinder nicht viel, was für sie spricht.

Die Berber zum Beispiel haben markante, dunkle Gesichtszüge, sitzen kerzengerade auf ihren Kamelen, und ihre leuchtendblauen Gewänder flattern im heißen Wind, während sie am Rande der Sahara entlangreiten. Sie haben eine bewegte, jahrhundertealte Vergangenheit, waren früher berüchtigte Sklavenhändler und sind insgesamt viel attraktiver als Ricardo und seine Bande, die mit verdreckten Gesichtern Klebstoffdämpfe schnüffeln und sehr »würdelos« aussehen, während sie die Mülleimer von Bogotá durchwühlen.

Das normale Straßenkind ist auch nicht gerade fotogen. Das Leben auf der Straße macht die Gesichter rauh und derb. Aber wenn ein Foto für einen Spendenaufruf gesucht wird, wird der Fotograf in genau diese Seitenstraße gehen, wo er das Kind mit dem schmierigen, traurigen Gesicht vermutet.

Wer Straßenkindern dient, investiert sehr viel und bekommt oft sehr wenig zurück.

Obwohl Straßenkinder einerseits eine homogene Gruppe bilden, kann man sie doch nur einzeln erreichen. Man kann immer nur versuchen, mit einem Kind Kontakt aufzunehmen. Von ihrem Wesen her sind die Kinder mißtrauisch und nicht vertrauenswürdig. Es kann Wochen und Monate dauern, bis man mit einem von ihnen eine halbwegs stabile Beziehung aufgebaut hat. Und dann muß man immer noch damit rechnen, daß sie sich plötzlich wieder verschließen und in ihr altes Leben zurückfallen.

»So manches Missionsteam ist schon verzweifelt bei dem Versuch, mit Straßenkindern zu arbeiten«, stellt der Experte für Stadtmission, Dr. Timothy Monsma, fest, *»denn die Aussichten auf schnelles Gemeindewachstum sind eher schlecht bei dieser Art von Evangelisation.«*[137]

Wenn man die Straßenkinder einer ganzen Stadt oder auch nur einer bestimmten Nachbarschaft erreichen will, dann braucht man viele Menschen, die bereit sind, viele Stunden zu investieren, zu kochen, für Kleidung und für alle anderen Bedürfnisse der Kinder zu sorgen.

Das Material und die Arbeitskraft der Missionare kostet Geld. Aber in einer Zeit, in der es oft üblich geworden ist, die »Entscheidungen für Jesus« zahlenmäßig im Jahresbericht der Gemeinde zu erfassen, als ob Bekehrungen ein finanzieller Posten wären, da tut man sich beim Dienst an Straßenkindern schwer, denn man kann am Jahresende kaum Resultate vorweisen.

Viele Missionen und Evangelisationen übersehen die Straßenkinder regelmäßig. Viele von ihnen können nicht einmal lesen, so kann man unter ihnen auch keine Traktate verteilen. Sie sind keine Zielgruppe für Evangeliumsfeldzüge und Großveranstaltungen. Viele von ihnen werden auch von den Kinder-Unterstützungs-Programmen nicht erfaßt.

Alle üblichen Methoden der Evangelisation gehen an den Straßenkindern vorbei, sie fallen durch alle Netze, erklärt Nichols.

Die Kosten überschlagen

All das bedeutet, daß der Dienst an Straßenkindern schwer ist und wirklich hingegebene Mitarbeiter braucht. Es ist ein Dienst, zu dem nur solche Mitarbeiter geeignet sind, die gut darauf vorbereitet sind und die mit Enttäuschungen und fehlenden sichtbaren Resultaten über lange Zeit zurechtkommen können.

In Ländern, die für Missionare keine Einreise erlauben, können Christen zumindest als »Zeltmacher« arbeiten, und während sie ihren Beruf als Arzt oder Lehrer ausüben, können sie den Menschen am Arbeitsplatz und in der Nachbarschaft von Jesus erzählen.

Will man Straßenkinder erreichen, hat man diese Möglichkeiten nicht. Wer ihnen das Evangelium bringen will, muß es auf ihre Art tun, nach ihren Bedingungen und in ihrem Revier.

Das heißt, man ist in gefährlichen Stadtteilen unterwegs, zu unmöglichen Tageszeiten, Tag und Nacht. Wenn man zurückkommt, muß man sich gründlich duschen, um alle Läuse und Flöhe wieder loszuwerden, die man im Kontakt mit den Kindern aufgeschnappt hat. Besucht man die Kinder, sollte man immer chirurgische Handschuhe dabeihaben, damit man ihre Verletzungen behandeln kann, ohne sich selbst eine gefährliche Krankheit einzuhandeln.

Ron Homenuke ist ein breitschultriger Kanadier, ein ehemaliger Eishockeyspieler, der eigentlich ganz gut auf sich selbst aufpassen kann. Und doch gibt er zu, manchmal Angst zu haben, wenn er auf den Straßen Manilas mit den Straßenkindern unterwegs ist, die nur halb so groß und halb so schwer sind wie er.

»Die Drogenszene ist einfach furchterregend«, sagt er. »Regelmäßig kann man in der Zeitung Berichte von Drogenabhängigen lesen, die durchgedreht sind und jemanden umgebracht haben.«[138] Obwohl Ron auf Hygiene geachtet hat, bekam er von seinen jungen Straßenfreunden schon Windpocken, Typhus und Hepatitis.

Wer sich unter diesen Kindern bewegt, die immer unterwegs sind und viel mehr Gewalt und Kriminalität erlebt haben, als sie in ihrem Alter verkraften können, muß immer damit rechnen, daß die Aggressionen plötzlich wieder aufbrechen. Wenn die labile Seele eines Teenagers unter den Einfluß von Drogen kommt, kann aus einem guten Freund im nächsten Augenblick ein tödlicher Feind werden.

Johan Lukasse lebt schon seit vielen Jahren unter Straßenkindern und hat gelernt, Situationen schnell zu erfassen und sofort zu spüren, wenn irgendwo Ärger in der Luft liegt. Trotzdem bekommt er immer wieder Prügel, wird mit Steinen beworfen, und mehr als einmal wurden Todesdrohungen gegen ihn ausgesprochen.

Die Gefahren können auch von unerwarteter Seite kommen. Der Engländer Bruce Harris läuft mit einer kugelsicheren Weste durch die Straße der Stadt Guatemala, weil er schon so viele Drohungen bekommen hat.

Harris ist der Direktor des Projektes *Casa Alianza*, das Unterkünfte mit Schlafplätzen und Rehabilitationshäuser unterhält, und er führt eine Liste der Gewalttaten, mit denen Polizisten und privates Wachpersonal gegen Straßenkinder vorgingen. Anhand der Liste versucht er, die Angreifer vor Gericht zu bringen.

Aber seine Kampagne für Gerechtigkeit stößt nicht überall auf Beifall. Eines Nachts im Juli 1991 fuhr ein PKW ohne Kennzeichen vor das Reha-Zentrum von Bruce Harris, und vier Männer schrien:

»Wir werden Bruce Harris erschießen und danach auch seine Kollegen und die Kinder umbringen.« Der Wagen fuhr wieder weg. »Wir dachten, das sei nur wieder eine der Drohungen gewesen«, sagte Harris, »bis das Auto plötzlich wieder auftauchte und die ganze Vorderseite des Hauses mit Maschinengewehr-Kugeln durchsiebte.«

Samoan Mati Galli ist Mitarbeiter von *Jugend mit einer Mission.* Er mußte ins Krankenhaus in Belo Horizonte gebracht werden, nachdem er von Polizisten, die nicht im Dienst waren, auf der Straße aufgegriffen, geschlagen und gefoltert worden war.

Es ist bis heute nicht klar, ob sie ihn für ein Bandenmitglied gehalten haben oder ob sie einfach nur verärgert darüber waren, daß er sich für die Straßenkinder einsetzt. Er wurde in dieser Nacht von den Polizisten geschlagen und in ein wartendes Auto gezerrt.

Während der nächsten Stunden fuhr man ihn in verschiedene Polizeistationen der ganzen Stadt und jedesmal wurde er geschlagen und getreten. Die Männer, die ihn entführt hatten, legten eine Schlinge um seinen Hals, preßten einen Gewehrlauf in seinen Mund und einen zweiten an seine Schläfe.

Während er sich im Krankenhaus langsam von seinen Verletzungen erholte, hatten John und Jeannette Lukasse eine offizielle Beschwerde bei der Stadtverwaltung eingereicht.

Es war eine positive Ausnahme: ein Jahr später wurden drei Polizisten schuldig gesprochen, Galli angegriffen zu haben. Sie wurden zu zwei Jahren Haft verurteilt. Aber einer der Täter wurde schon zwölf Monate später wieder im Dienst gesehen.

Als dieser Fall bekannt wurde, hoffte Johan Lukasse, daß als Folge dieses Urteils die Kinder in den Straßen von Belo Horizonte sicherer leben und schlafen könnten. »Wir können nicht dafür garantieren, daß die Kinder jetzt mehr Sicherheit haben. Denn diese Gewalttaten geschehen oft im Schutz der Nacht, ohne daß ein Zeuge dabei ist, der für die Kinder aussagen könnte«, stellt Lukasse fest. »Trotzdem hoffen wir, daß die Gewalttäter in Zukunft etwas vorsichtiger sein werden.«

Ein anderer Fall. Jeannette hatte eines Nachts Gelegenheit, sich von der Gewalt, mit der überall vorgegangen wird, selbst zu überzeugen. Es war einige Monate nach dem Anschlag auf den Mitarbeiter Galli. Sie wurde mitten in der Nacht durch Geräusche aus dem *halfway house* wach, das unterhalb des Wohntraktes ihrer Familie liegt. Als sie nachsehen ging, was da los war, kam sie gerade dazu, wie sechs bewaffnete Polizisten ihr Haus durchsuchten. Sie waren der Meinung, daß einer der Jungen aus ihrem Haus einen Einbruch in der Nachbarschaft verübt hatte.

Der Beamte hatte einen Teenager gepackt und zerrte ihn zu seinem Wagen. Auf Jeannettes Bitten, mitkommen zu dürfen, wurde überhaupt nicht eingegangen. Aber als die Polizisten vor dem Haus an dem Schild »Jugend mit einer Mission« vorbeikamen, zögerten sie.

> *»Und sie sagten: ›Oh, wir wußten gar nicht, daß hier ›Jugend mit einer Mission‹ ist.‹ Sie fuhren mit dem Jungen weg, und wir fürchteten, daß sie ihn sehr schlagen würden. Aber eine halbe Stunde später brachten sie ihn schon wieder zurück, was ein Wunder war. Ich glaube, daß seine schnelle Freilassung etwas mit dem Namen ›Jugend mit einer Mission‹ zu tun hatte. Wahrscheinlich ist einigen von ihnen der Fall mit unserem Mitarbeiter und dem Urteil der beteiligten Polizisten eingefallen«,* erzählte Jeannette.

> *»Aber trotz allem geht die Gewalt unverändert weiter: Kinder werden gefoltert und getötet, die bezahlten Killer-Trupps gehen immer noch umher und morden Kinder.«*

Einige, die gerne unter Straßenkindern gearbeitet hätten, bekamen Angst und gaben die Pläne wieder auf, erfahren wir von dem dänischen Sozialarbeiter Flemming Kjaer, der die Arbeit von *Pan e Vida*, »Brot des Lebens«, leitet. Es ist eine spanische Arbeit, die als Dachverband viele christliche Organisationen verbindet, die unter Straßenkindern in Kolumbien arbeiten.

Viele, die einmal darüber nachdachten, ob sie dort mitarbeiten wollen, haben sich wegen der vielen Morde durch die Kartelle wieder zurückgezogen.

> *»Es gibt nicht viele Westler, die mit Straßenkindern in Kolumbien arbeiten«,* sagt Kjaer. *»In einigen Fällen hält die Angst die Leute zurück. Es gab viele junge Christen, die kommen und helfen wollten, aber ihre Eltern haben es ihnen nicht erlaubt, weil sie Angst hatten, ihren Kindern könnte etwas passieren.«*

Er kennt die Gefahren aus eigener Erfahrung. Eines Tages bekamen er und seine Familie eine anonyme Bombendrohung ins Haus, und so »verstehen wir die Gefühle« derer, die Angst haben. Aber er glaubt auch, daß die »westliche Kirche manchmal vergessen hat, daß wir als Christen schon uns selbst für Gott geopfert haben. Das kann auch das Risiko beinhalten, das eigene Leben zu verlieren …«

Aber wenn sich die Gemeinde des ausgehenden zwanzigsten Jahrhunderts aus falschem Denken und aus Angst heraus bisher nicht der Straßenkinder angenommen hat und dieses Missionsfeld unbearbeitet ließ, dann gibt es noch Hoffnung.

Denn Menschen wie McKaughn, Myers und Nichols leben es uns vor und rufen es uns zu: Um dieses Missionsfeld unter den Pflug zu nehmen, bedarf es keiner neuen Offenbarung, es reicht, wenn das große missionarische Erbe des Westens wieder in uns und unter uns erweckt wird.

Kapitel 8

Kinder hier oder China dort?

»Danken Sie dem Himmel auf Knien ... daß Sie Angehörige haben, die über Ihre Jugend wachten, und daß Sie niemals Kälte und Hunger, Trunkenheit und noch Schlimmeres gekannt haben, wie es bei mir seit meiner frühesten Kindheit der Fall war – die Straße und die Gosse sind meine Behausung gewesen und werden mein Totenbett sein.«

Oliver Twist, 26. Kapitel, Seite 206

Das Durchgangshaus

Josanna saß auf dem Gehweg, am Rande des »Durchgangs zur Hölle«. So nennen die Leute den Unabhängigkeitsplatz von Recife in Brasilien. Dort können die Mädchen schnelles Geld verdienen, wenn sie sich an Touristen und Durchreisende verkaufen. Sie verkaufen ihren Körper und ihre Seele zu Spottpreisen. »Hier ist der kürzeste Weg zur Hölle«, ist eine Redensart, die die Mädchen benutzen, ohne darüber zu lachen.

Josanna war erst elf. Als sie klein war, ist sie vergewaltigt worden, dann zerbrach ihre Familie, und sie lief von zu Hause weg. Jetzt war sie gerade dabei, die Wunden zu versorgen, die sie davongetragen hatte, als ein vorübergehender Polizist sie schlug. Er hatte sie geschlagen, weil sie ihn angesprochen hatte.

Ana Vasconcelos setzte sich neben das Mädchen, das Striche in den Staub zeichnete. Nach einer Weile konnte sie sehen, daß aus den Linien ein Haus wurde,[139] aber es war ein ungewöhnliches Haus, ganz krumm und schief und unansehnlich.

»Warum ist das denn so kaputt?« fragte Ana.

»Es ist so wie ich«, antwortete das Mädchen.

Einen Moment lang waren das Mädchen und die Rechtsanwältin still, betrachteten das Haus und hingen ihren Gedanken nach. Dann fragte das Mädchen:

»Können wir zweimal auf die Welt kommen?«

Ana war überrascht und verwirrt über diese Frage, wie sie sich später erinnerte. »Was meinst du damit?« fragte sie zurück.

»Ich mag dieses Leben nicht. Ich hätte so gerne ein anderes ...«

Josanna erzählte der Anwältin, daß sie auch schon versucht hatte, sich umzubringen, um noch einmal von vorne anfangen zu können. Aber der Versuch mißglückte. Die Leute im Krankenhaus haben sie wieder zusammengeflickt und ihr gesagt, sie solle nicht so dumm sein, man kann kein zweites Mal anfangen, es gibt nur dieses eine Leben.

Man kann die verzweifelte Suche der Straßenkinder auf der ganzen Welt kaum besser beschreiben. In dieser ersten Begegnung zwischen der Anwältin und dem heimatlosen jungen Mädchen kam die große Frage zur Sprache, die alle Straßenkinder stellen. Manchmal ist es eine stumme Frage, die in einem traurigen Blick liegt, manchmal wird sie aber auch laut hinausgeschrien. Haben die Christen nicht eine Antwort auf die Frage nach dem Neuanfang?

Für diese beruflich erfolgreiche Anwältin war ihre Reaktion klar. Sie investierte von da an ihre ganzen Fähigkeiten und Kräfte in die Gründung des Durchgangshauses, das ein Heim und ein Stück Himmel ist, wo den Mädchen geholfen wird, ihr Leben wieder in Ordnung zu bringen. Hier können sie dem Weg zur Hölle den Rücken kehren. »Ich möchte einen Durchgang zum Himmel schaffen«, sagte Ana.

Obwohl Ana, wenn sie vom Himmel spricht, mehr an einen menschlichen Himmel denkt. Sie glaubt nicht an das himmlische Reich, in dem Gott regiert. Ihr Ziel ist, daß Straßenmädchen mit ihrem Leben wieder klarkommen und die Möglichkeit haben, sich selbst für ein anderes Leben zu entscheiden. Dazu bietet Ana ihnen in dem Haus professionelle Hilfe an. Aber es gibt auch andere Menschen, die an den Himmel in seiner biblischen Bedeutung glauben und die diesen Ort für ein reales und erstrebenswertes Ziel halten.

George Müller

Fast hundert Jahre nach seinem Tod steht der Name des in Deutschland geborenen George Müller immer noch für dynamischen Glauben, der Gott auch für das Unmögliche vertraut. Bis er im Alter von 93

Jahren starb, waren mehr als zwei Millionen Mark durch seine Hände geflossen, und das alles, ohne daß er jemals direkt um Spenden gebeten hätte oder jemanden um Geld bitten mußte. Aber manchmal, wenn man den Glauben dieses Mannes studiert, übersieht man, daß das meiste Geld, das er bekam, zur Unterstützung von einigen der vielen heimatlosen und elternlosen Kinder in Bristol war. Es war für die »armen, vernachlässigten Kinder, die er auf den Straßen herumlaufen sah«.[140]

Dieser Mann fühlte sich eigentlich ursprünglich zum Missionar »unter den Heiden« berufen. Statt dessen landete er bei den verlassenen Kindern und sorgte für sie. 1869 boten seine zehn weltberühmten Waisenhäuser Raum für zweitausend Kinder. »Der Herr selbst hat immer wieder die armen Kinder vor meine Augen gemalt, niemand sonst kann es gewesen sein«, erinnerte er sich.[141]

Müllers Arbeit war geprägt von seiner Bewunderung für die Waisenhäuser, die gegen Ende der 90er Jahre des siebzehnten Jahrhunderts in Müllers Heimat von Professor August Francke gegründet worden waren. Es war »das größte Unternehmen für arme Kinder, das es damals weltweit gab«.[142] Müller wohnte in seinen jungen Jahren für kurze Zeit als Prediger in einer Hütte in einem von Franckes Heimen in Halle, und später konnte er vieles von dem, was er damals dort miterlebt hatte, in seinen eigenen Heimen anwenden.

Aber wenn er auch seine Methoden von Francke übernommen hat, so kam sein missionarisches Herz und seine Fürsorge für die Kinder doch direkt aus der Bibel. 1837 beschrieb er in seinem Tagebuch, wie Psalm 68, Vers 6, in dem Gott als der »Vater der Vaterlosen« bezeichnet wird, »in bezug auf die Waisenkinder« ein »ganz besonderer Segen« für ihn wurde:

»Die Wahrheit, die darin enthalten ist, habe ich nie klarer gesehen als heute. Mit Gottes Hilfe soll das vor Gott mein Argument sein in bezug auf die Waisen, wenn wir in Not sind.«

»Er ist ihr Vater, und deshalb hat er versprochen, sie zu versorgen und sich um sie zu kümmern, und ich muß ihn nur an die Nöte dieser armen Kinder erinnern, damit er seine Versorgung gibt. Mein Herz ist noch größer geworden für Waisen. Dieses Wort, ›ein Vater für die Vaterlosen‹ enthält genug Ermutigung, um Tausende von Waisen auf das liebende Herz Gottes zu werfen.«[143]

Barnardo

Müller war nicht der einzige, der seine missionarische Vision von den entfernten Ländern in die Nachbarstraßen umlenken ließ. Als Thomas Barnardo 1866 von Irland nach London kam, wollte er eigentlich Medizin studieren, um danach in China als Missionsarzt dienen zu können.

Aber »fast vom ersten Moment an, als er London betrat, fing er an, sie aus ihren dunklen Löchern und Ecken heraus anzuziehen, diese Gruppe der wilden, ungeliebten, ausgestoßenen Kinder, ein Geschlecht, das sich seit Generationen versteckte und viel ertragen mußte, während um sie her das bunte Leben in der Stadt seinen gewohnten Gang nahm«.[144]

Der junge Medizinstudent arbeitete zuerst bei der von William Booth neugegründeten Heilsarmee mit, die erst wenige Monate vorher in einigen der schlimmsten Stadtteile Londons eine Pionierarbeit begonnen hatte. Dann half er in einer Abendschule für kleine Jungs aus. Einer der Schüler, die er dort kennenlernte, der kleine Jim Jarvis, führte Barnardo in die versteckte Welt der Straßenkinder Londons ein.

Daraufhin tat Barnardo für die heimatlosen Jugendlichen alles, was in seiner Macht stand und sprach überall, wo er eine Gelegenheit bekam, über ihre Nöte, aber gleichzeitig bereitete sich Barnardo weiterhin auf China vor. Bis er eines Tages einen Brief bekam, in dem ihm tausend Pfund angeboten wurden, wenn er seine Pläne, ins Ausland zu gehen, aufgeben und in England bleiben würde, um dort den notleidenden Kindern zu helfen.

Der Mann, der später zur Gründung von Waisenheimen in der ganzen Welt beitrug, hatte sein Missionsfeld ganz in der Nähe seiner Heimat gefunden. »Ich habe mir diesen Weg nicht ausgesucht«, erinnert er sich später,[145] »mein Vater hat mich berufen … Ohne anmaßend klingen zu wollen, kann ich sagen, daß die Arbeit unter den armen Kindern, die ich tun durfte, von Anfang an eine deutliche Führung Gottes erfordert und erfahren hat. Es ist ein bewegendes Beispiel, wie real Gottes Hand in die Dinge des Alltags eingegriffen hat.«

Später in seinem Leben erklärte er: »Ich hatte die Möglichkeit, auf ein nützliches Leben in einem anderen, weiter entfernten Land zu verzichten.«[146] Weiter sagte er: »Ich habe keinen Zweifel darüber, daß diese Mission die Handschrift Gottes trägt.«[147]

Diese Überzeugung, daß die Nöte der heimatlosen, verlassenen Kinder in London genauso eine missionarische Anstrengung rechtfertigten wie die Millionen von Chinesen, die noch nie etwas von Jesus gehört hatten, teilte auch William Booth.

Als er von dem jungen Arzt hörte, der seine Pläne so radikal geändert hatte, sagte er: »Kümmere du dich um die Kinder, und ich kümmere mich um die Erwachsenen. So können wir gemeinsam die ganze Welt erretten.«[148]

Das New Yorker Kinderhilfswerk

Die Einwanderungswelle und die Verstädterung liefen gleichzeitig, so daß das Problem der Straßenkinder praktisch in die neue Welt importiert wurde und dort ähnliche Reaktionen auslöste wie in Europa.

Erst als Charles Loring Brace 1850 seine Arbeit als Stadtmissionar in der *Five Point*-Gegend aufnahm, wurde ihm bewußt, wie viele Straßenkinder es in New York gab. 1853 wurde er von einer Gruppe führender Männer in New York gefragt, ob er nicht, wie sie es nannten, »ein Missionar für Kinder« werden und das New Yorker Kinderhilfswerk leiten wolle.

In dem ersten offiziellen Rundschreiben der Organisation schreibt Brace: »Als Christen können wir diese große Schar unglücklicher, verlassener und entwürdigter Jungen und Mädchen nicht ansehen, ohne unsere Verantwortung Gott gegenüber für sie zu spüren.«[149]

»Wir denken daran, daß sie die gleichen Fähigkeiten und die gleichen Bedürfnisse nach freundlichem und gutem Einfluß haben wie die Kleinen in unseren eigenen Häusern, und sie sind ebenso unsterblich wie sie. Wir sind uns bewußt, daß Er für sie genauso starb wie für die Kinder der Reichen und Glücklichen ...«

»Meistens wachsen die Jungen ganz auf sich gestellt auf. Keiner kümmert sich um sie, und sie kümmern sich auch um niemanden. Manche leben vom Betteln, von kleinen krummen Taten oder von kühnen Raubzügen ... Die Mädchen wachsen oft noch bedauernswerter und verlassener auf ... Sie haben starke Gefühle, die niemand lenkt, und sie erfahren keine Liebe oder Freundlichkeit, um ihre Herzen zu erweichen. Wir alle wissen, welch ein kurzes, wildes Leben sie führen und welch ein trauriges Ende sie nehmen.«[150]

In den folgenden Jahren unterstützte das Kinderhilfswerk in New York fast fünfzig verschiedene Projekte, darunter waren Berufsschulen, Wohnhäuser und Sommerhäuser. Aber besonders bekannt wurde die Organisation durch ein neues Programm, das sie »Ausquartieren« nannte. Sie sammelten Tausende von verlassenen Kindern in der Stadt und schickten sie in die ländlichen Gegenden im Westen. Dort wurden sie in Familien untergebracht, die sie versorgten und bei denen die Kinder in der Landwirtschaft mitarbeiteten.

Damals fand das Programm viel Zustimmung. Erst in jüngerer Zeit wurde kritisiert, daß es falsch sei, Kinder aus ihrer heimatlichen Umgebung zu entfernen, selbst wenn sie dort unter schlimmen Umständen leben müssen, weil sie sonst zu ihren Eltern und Geschwistern keinen Kontakt mehr aufnehmen können.

Doch es ist schwierig, aus unserer heutigen Sicht das damalige System zu beurteilen, meint die Historikerin Marilyn Holt, die weiter einräumt:

»Wenn man sich vorstellt, was das Leben in der Stadt den Armen zu bieten hatte: Wohnen auf der Straße, Verbrechen, Prostitution, völliger Entzug von Liebe und Zuwendung, Einkerkerung und kaum eine Hoffnung, dem allem zu entkommen, dann muß man sich einfach auf die Seite von Brace stellen, der aus bester Absicht heraus diese Umsiedelung der Kinder forderte.«[151]

Don Bosco

Die protestantische Kirche war nicht die einzige, die versuchte, den Nöten der wachsenden Schar von Straßenkindern zu begegnen. Als eines Morgens in der italienischen Stadt Turin ein Waisenkind, das vom Betteln lebte, in die Kirche des katholischen Priesters Don Bosco kroch, weil es Schutz vor der Kälte suchte, war das für den Priester der Beginn einer neuen Arbeit, die »Frauen half und Wohnsiedlungen für Jungen gründete«.[152]

Er eröffnete Schulen, Werkstätten und Jugendzentren, doch zunächst stieß seine Arbeit auf Unverständnis und Mißbilligung. Erst allmählich gewann er dann auch Respekt und Ansehen für seine Arbeit. Aber trotz allen Beifalls bestand er darauf: »Ich bin nur Don Bosco, ein Freund der Straßenkinder.«

1859 gründete er die Salesianische Bruderschaft und weihte sein Leben der Aufgabe, junge Knaben aufzunehmen und ihnen eine allgemeine und religiöse Bildung zu vermitteln.

»Du kannst bei Kindern gar nichts bewirken, solange du nicht ihr Vertrauen und ihre Liebe gewonnen hast«, erklärt er, »und das geht nur auf dem Wege, daß sie mit dir selbst in Berühung kommen. Sie müssen viele eigene Hindernisse durchbrechen, bevor sie ihre innere Distanz aufgeben können.«[153]

Der Orden von Pater Bosco arbeitet auch heute noch weltweit unter Kindern, zum Beispiel in Manila und Kalkutta. Die Brüder leben meist in einem kleinen Haus irgendwo im Stadtzentrum und suchen Kontakt zu den Jungs, die in den Slums oder deren Nähe leben. Diese Arbeit ist vor allem durch das Buch von Dominic Lapierre, »Stadt der Freude« (*City of Joy*), bekanntgeworden.

Beispiele der Gegenwart

Inspiriert durch das Vorbild von Barnardo und Booth sind in England eine Reihe ähnlicher Arbeiten entstanden. Auch der Verwaltungsbeamte Edward Rudolf, der den Sonntagsschullehrern in Lambeth vorstand, folgte ihrem Beispiel. Es begann damit, daß ihm eines Tages bewußt wurde, welch ein »Spektakel durch die Zehntausenden von orientierungslosen Kindern täglich auf den Straßen Londons veranstaltet wird«.[154]

Seine eigene Kindheit war ebenfalls von Armut geprägt, aber nicht in dem Maße, wie er es hier sah. 1881 gründete Rudolf die *Waifs and Strays Society*. Später änderte die Gesellschaft ihren Namen in »Kinderhilfswerk der Kirche Englands«[155], unter dem sie bis heute mit heimatlosen Kindern und Jugendlichen arbeitet.

Fast ein halbes Jahrhundert später ließ sich die Stadtmissionarin Emma Whittemore von den Nöten der jungen Mädchen bewegen, die auf der Straße lebten und für sich selbst sorgen mußten, und sie suchte Wege, wie sie ihnen helfen konnte. Emma arbeitete für die »Christliche Missionsgesellschaft«.[156] Sie war entsetzt über die Situation der jungen Mädchen, die meist aus Armut oder familiären Problemen kamen und in ihrer Schutzlosigkeit schamlos ausgenutzt wurden.[157] 1890 eröffnete sie das erste Missionszentrum, »Tür der Hoffnung«, und 1931 gab es etwa hundert ähnliche Zentren in den USA, Kanada, Afrika, China und Japan.

Die jüngsten Gründungen von zwei der größten christlichen Gesellschaften für Kinder in Not in Entwicklungsländern – *World Vision* und *Compassion* – entstanden als Reaktion auf das Elend der vielen verlassenen Kinder in Koreas Straßen nach dem Krieg 1950.

Der Evangelist und Filmemacher Bob Pierce prägte den Satz: »Mir soll das Herz brechen über Dinge, die Gottes Herz brechen«. Als er durch China und Korea reiste, war er tief erschüttert von der Armut, dem Hunger und der Not der Bevölkerung, die er dort sah.

1950 gründete er *World Vision* und wurde ein Fürsprecher für Kinder. Er erkannte den dringenden Bedarf und begann, für Hunderte von Waisen zu sorgen, die der Koreakrieg zurückgelassen hatte.

Als der amerikanische Evangelist Everett Swanson 1952 Korea besuchte, war auch er innerlich zutiefst erschüttert angesichts der Not, die er sah:

»Jeden Morgen drehten die LKWs ihre Runden und sammelten die Kinder ein, die in der vergangenen Nacht auf den Straßen erfroren waren. Die Kinder, die überlebten, waren verzweifelt.«

»Die Waisenkinder waren zu einer Last für die Gesellschaft geworden. Es gab keine lokale Infrastruktur, die in der Lage gewesen wäre, sich um die Kinder zu kümmern. Und die Kirche existierte kaum noch ...«[158]

Everett Swanson war so erschüttert von der Not, daß er anfing, Geld für Kinderheime zu sammeln, und damit gründete er *Compassion International.*

Heute sind *World Vision* und *Compassion* Organisationen, durch die Millionen von Dollars fließen. Sie vermitteln Patenkinder, sorgen für eine Schulausbildung der Kinder und unterhalten Hilfs- und Entwicklungsprogramme in sehr vielen Ländern.

Männer und Frauen Gottes wie Barnardo, Brace, Bosco und Müller sind besonders bekannt geworden, weil sie sich angesichts der wachsenden Not in ihrer Umgebung zu wirkungsvollem Handeln inspirieren ließen. Aber Hilfe von christlicher Seite für verlassene Kinder gibt es nicht erst seit der industriellen Revolution.

Diana Garland, Dekanin des Institutes für Sozialarbeit am Theologischen Seminar der Southern Baptist in Kentucky, leitet das Kinderhilfswerk ihrer Denomination. Sie schreibt: »Die Urgemeinde war in der römischen Gesellschaft dafür bekannt, daß sie Säuglinge und Kinder rettete, die sonst zugrunde gegangen wären«.[159]

> *»Bis ins achtzehnte Jahrhundert hinein war es in Europa und Asien üblich, Kinder auszusetzen. Außerdem wurden viele Kinder durch Kriege und Seuchen elternlos. Als Reaktion darauf haben Christen zu allen Zeiten diese Kinder gesucht und versorgt. Sie haben die Kinder in ihre eigenen Familien aufgenommen und oft auch adoptiert. Wenn die Nöte zu groß wurden, haben die Kirchen mit dem Bau von Waisenhäusern und Kinderheimen reagiert.«*[160]

Kapitel 9

»Verliert die Kleinen nicht!«

»›Ich bin so verlassen, Sir – so ganz verlassen! Alle hassen mich. Es ist mir, als wenn ich hier blutete und verbluten müßte.‹ Er preßte die Hand aufs Herz und blickte mit nassen Augen zu seinem Begleiter auf.«

Oliver Twist, 4. Kapitel, Seite 21

Der dritte Gipfel

Das Treffen der Staatschefs in New York richtete die Aufmerksamkeit der Welt auf die Not der Straßenkinder, die Zusammenkunft der Missionsleiter in Colorado Springs machte das Versagen der Christen diesen Kindern gegenüber sichtbar. Die Grundlage, auf der sich Politiker und geistliche Leiter heute über Kinder Gedanken machen müssen, wurde im ersten Gipfel zum Wohl des Kindes gelegt. Er fand mitten im Alltag einiger Fischer am Ufer des israelischen Sees Gennesaret statt. Anwesend waren etwa ein Dutzend Freunde.

Die zwölf Männer hätten in den vergangenen Monaten beobachten können, wie ihr Meister beispiellose Demut vorlebte. Er hatte die Kranken geheilt und die Zuhörerscharen mit seinen Einsichten fasziniert. Es war ihm immer eine Freude gewesen, das weiterzugeben, was er hatte und sich dort aufzuhalten, wo man ihn willkommen hieß, ohne dafür eine besondere Behandlung zu erwarten.

Aber seine Jünger hatten diese Lektion nicht verstanden.

Statt dessen bastelten sie gerade wieder an ihrer künftigen Karriere in dem Reich, von dem ihr Meister so oft sprach. Dann fragten sie ihn direkt: »Wer ist im Himmelreich der Größte?«[161] Ihre Rangordnung war ihnen offenbar ein sehr wichtiges Anliegen. Selbst als Jesus sie deutlich zurechtgewiesen hatte, besaßen zwei von ihnen immer noch die Unverfrorenheit zu fragen, ob sie im Himmel besondere Plätze haben könnten.[162]

Für Jesu war es sehr wichtig, seinen Jüngern klarzumachen, daß das Reich Gottes nach anderen Regeln funktioniert als die menschliche Gesellschaft. Aber in diesem Zusammenhang wollte er ihnen noch eine zweite Lektion nahebringen, die ihm besonders am Herzen lag.

Wahrscheinlich hat Jesus im Freien gelehrt. Viele Kinder hielten sich neugierig am Rand der versammelten Zuhörer auf und sahen Jesus zu. Die Erwachsenen registrierten die Kinder kaum. Aber Jesus nahm sie sehr bewußt wahr. Er rief eines der Kinder zu sich.

Es ist wichtig, daß wir uns an dieser Stelle in Erinnerung rufen, daß Jesus nichts zufällig getan oder gesagt hat. Alles, was er tat, hatte er vorher beim Vater gesehen.[163] Jesus ließ sich nicht von den Umständen leiten und tat auch nichts aus Zeitvertreib. Jesus konnte auch Kranke ungeheilt zurücklassen, und manchmal ging er weiter, obwohl er nicht alle Fragen beantwortet hatte. Jesus wollte in der kurzen Zeit, die er hatte, all das tun, lehren und zeigen, was sein Vater für ihn vorgesehen hatte, und seine Jünger sollten alles gelernt haben, was er ihnen zu vermitteln hatte.

Jesus sagte zu seinen Jüngern: »Wenn ihr nicht umkehrt und wie die Kinder werdet, könnt ihr nicht in das Himmelreich kommen.«[164] Weiter warnte er: »Wer ein solches Kind um meinetwillen aufnimmt, der nimmt mich auf. Wer einen von diesen Kleinen, die an mich glauben, zum Bösen verführt, für den wäre es besser, wenn er mit einem Mühlstein um den Hals im tiefen Meer versenkt würde.«[165]

Jesus sprach diese Worte in eine Kultur hinein, in der Kinder gesehen, aber nicht gehört werden sollten, in der sie mit ihren Müttern zusammen in den hinteren Teil der Synagoge verbannt wurden. Der Gedanke, Kinder in den Vordergrund zu stellen, um an ihrem Beispiel die Männer zu lehren, war revolutionär. Sommerville schrieb: »Indem er an Kindern zeigte, was Leben aus Glauben bedeutet, tat er genau das Gegenteil dessen, was seine Zuhörer von ihm erwarteten.«[166]

Sommerville bewertete die Hochachtung, die Jesus den Kindern gegenüber bewies, als die »positivste Einschätzung des Wertes von Kindern, die es bis dahin und vielleicht in der gesamten Geschichte gegeben hat.«[167]

Jesus hat auch gleich dem Gedanken vorgebeugt, daß er die Kinder nur zur Demonstration seines Unterrichts über Demut benutzt hätte, weil sie gerade in der Nähe waren, indem er sagte: »Hütet euch davor, einen von diesen Kleinen zu verachten!«[168]

Die Beziehung Jesu zu Kindern

Am Ende dieser Unterrichtseinheit brachte Jesus zum Ausdruck, daß für Gott Kinder und Erwachsene gleich wichtig sind. Denn er sagte seinen Jüngern, daß ihre Engel im Himmel stets das Angesicht seines himmlischen Vaters sehen.[169] Von dieser Aussage stammt die Vorstellung, daß es Schutzengel gibt. Er betonte, daß Gott für die Kinder genauso sorgt wie für Erwachsene, die in Psalm 91 eine ähnliche Verheißung haben: »Denn er befiehlt seinen Engeln, dich zu behüten auf all deinen Wegen.«[170]

Direkt nach dieser Lehre über den Wert der Kinder zeigt Jesus sein »missionarisches Herz« für Kinder – in der Geschichte vom verlorenen Schaf. Meistens wird über dieses Gleichnis anhand der längeren Version nach Lukas[171] gepredigt. Wie alle guten Lehrer, hat Jesus die gleichen Grundlagen mehrfach benutzt. In Lukas liegt der Schwerpunkt auf der »Umkehr der Sünder«, was mehr auf Erwachsene angewendet wird.

Aber als Jesus die Geschichte in Kapernaum erzählte, legte er vor allem den Schwerpunkt darauf zu vermitteln, welchen Stellenwert verlorene Kinder bei ihm haben. Er sprach von »diesen Kleinen«, als er die Geschichte von dem Mann erzählte, der die neunundneunzig Schafe zurückließ, um das eine Verlorene zu suchen. Und er faßte diese Lehre zusammen mit den Worten: »So will auch euer himmlischer Vater nicht, daß einer von diesen Kleinen verlorengeht.«[172]

In einem anderen Gleichnis drückt Jesus sein Verlangen aus, daß alle Menschen in sein Reich kommen, egal, ob sie arm, krank oder noch kleine Kinder sind. In der Geschichte von dem großen Festmahl werden die Diener »auf die Straßen und Gassen der Stadt und auf die Landstraßen vor der Stadt« geschickt, um die «Armen und die Krüppel, die Blinden und die Lahmen« zu holen, denn die Ehrengäste, die zuerst eingeladen worden waren, hatten sich mit einer Menge egoistischer Ausreden entschuldigt.[173]

Als Jesus das Kind zu sich rief und auf seine Arme nahm, benutzte er es zunächst nur zur Illustration seiner Lehre über Demut als Bedingung zum Eintritt in Gottes Reich. Darin sind sich alle Bibellehrer einig. Er war dabei, den Jüngern zu zeigen, wie wichtig die richtige Herzenshaltung ist, auch den schwachen, benachteiligten und jungen Gläubigen gegenüber. Gleichzeitig wollte Jesus aber nicht, daß seine Aussage über Kinder dadurch, daß er das Kind zur Demonstration dieser Wahrheit nahm, abgeschwächt wurde. Deshalb redete er gleich danach wieder vom Wert der Kinder in den Augen Gottes.

Doch offensichtlich hatten die Jünger nicht ganz verstanden, was Jesus ihnen in Kapernaum sagen wollte, denn kurze Zeit später versuchten sie, eine Gruppe von Kindern wegzuschicken, die Jesus sehen wollten. Sie dachten, Jesus hätte bestimmt viel Wichtigeres zu tun, als sich mit Kindern abzugeben.

Aber sie hatten sich total getäuscht. Obwohl Jesus sonst so viel Geduld mit seinen Jüngern hatte und sie liebevoll und langsam in den Dingen seines Reiches unterwies, wurde er dieses Mal, als sie die Kinder abweisen wollten, »unwillig«.[174] Die Jünger hatten geglaubt, die Kinder würden bei den großen Dingen, die Jesus tat, nur stören.

Aber Jesus sagte ihnen: »Laßt die Kinder zu mir kommen; hindert sie nicht daran! Denn Menschen wie ihnen gehört das Reich Gottes.«[175] Und »er nahm die Kinder in seine Arme; dann legte er ihnen die Hände auf und segnete sie.«[176]

Jesu Beziehung zu den Bedürftigen

Jesus hat nicht nur die Bewertung von Kindern auf den Kopf gestellt, er hat seinen Jüngern gegenüber auch unablässig betont, daß das Reich Gottes für die Bedürftigen und die Zerschlagenen ist. Als er seinen öffentlichen Dienst begann, wählte er für seine erste Lesung in der Synagoge in Nazaret das Buch Jesaja.

»Der Geist des Herrn ruht auf mir, denn der Herr hat mich gesalbt. Er hat mich gesandt, damit ich den Armen eine gute Nachricht bringe …«, las er und fügte hinzu: »Heute hat sich das Schriftwort, das ihr eben gehört habt, erfüllt.«[177]

Von Anfang an hat er sich mit denen identifiziert, die gesellschaftlich gesehen »ganz unten« leben.

Als Jesus bei Simon zu Gast war und eine Frau ihr kostbares Salböl über seine Füße goß, sagte Jesus den Leuten, die sich über solche Verschwendung aufregten: »Die Armen habt ihr immer bei euch«,[178] und er war der Meinung, daß sie ihnen Gutes tun könnten, »so oft sie wollten«.[179]

Die Zuhörer, die »Ohren haben, um zu hören«, wie Jesus es oft ausdrückte, haben an dieser Stelle wahrgenommen, daß Jesus mit diesem Wort über Arme nicht seinen Willen kundtat oder eine Lehre über die Vorzüge der Armut entwickeln wollte. Er sagte das vielmehr mit einer gewissen Resignation. Armut ist nun einmal ein Bestandteil der von Satan beherrschten Welt. Diese Aussage Jesu wird auch heute oft mißverstanden, als wäre Armut ein normaler Bestandteil des Lebens.

Schon im Alten Testament ließ Gott keinen Zweifel daran, daß ihm Armut mißfällt. Es ist sogar Sünde, wenn es Armut im Volk gibt, denn nach dem Gesetz sollen alle Schulden regelmäßig erlassen werden: »Eigentlich sollte es bei dir gar keine Armen geben; denn der Herr wird dich reich segnen in dem Land, das der Herr, dein Gott, dir als Erbbesitz gibt ... wenn du auf die Stimme des Herrn, deines Gottes hörst, auf dieses Gebot, auf das ich dich heute verpflichte, achtest und es hältst ...«[180]

Ganz allmählich fiel die doppelte Botschaft Jesu in die Herzen seiner Jünger, während sie ihn beobachteten und ihn immer wieder betonen hörten, wie wichtig Kinder und Arme für ihn sind.

Gottes Gebote bezüglich der Armen

In der ersten Zeit der neutestamentlichen Gemeinde erklärte Jakobus den Gläubigen: »Ein reiner und makelloser Dienst vor Gott, dem Vater, besteht darin: für Waisen und Witwen zu sorgen, wenn sie in Not sind ...«[181]

Es wird gemeinhin angenommen, daß der Mann, der diesen Brief schrieb, ein Bruder Jesu war. Doch mit diesem Text hat er nicht nur die Lektion weitergegeben, die er von Jesus gelernt hat, sondern diese Lehre wird auch in vielen Schriften des Alten Testamentes überliefert.

In den Tagen Jesu war es üblich, Kinder zu vernachlässigen, sie geringzuschätzen und ihnen nicht den Stellenwert einzuräumen, den sie im Herzen Gottes haben, aber Jesus nannte das Sünde. Er hat den Kindern immer Bedeutung beigemessen, ebenso wie den Armen. Er wollte, daß wir uns um die kümmern, denen es schlechter geht als uns. Das läßt sich in allen religiösen Schriften seit Moses nachvollziehen.

Das Volk Gottes hat die Verantwortung, für die Armen und Unterdrückten und für die verlassenen Kinder zu sorgen. Dieses Thema wird im Alten Testament sehr deutlich gemacht und taucht immer wieder auf. Es ist eines der Gesetze, von denen Jesus sagte, daß er nicht gekommen sei, »um aufzuheben, sondern um zu erfüllen.«[182]

Seit die Israeliten der Gefangenschaft in Ägypten entkamen, ließ Gott nie einen Zweifel aufkommen, daß er sich um jeden Menschen sorgt und kümmert. Mit den ersten Gesetzen, die durch Mose verkündigt wurden, sagte Gott seinem Volk unmittelbar nach den zehn Geboten: »Ihr sollt keine Witwe oder Waise ausnützen. Wenn du sie ausnützt und sie zu mir schreit, werde ich auf ihren Klageschrei hören. Mein Zorn wird entbrennen ...«[183]

Aber das Gebot Gottes ging noch weiter. Er wollte nicht nur, daß sie Waisen nicht ungerecht behandelten, sondern Gott wollte, daß sie aktiv würden. Er hatte sie als ganzes Volk ausgesondert, um sein Wesen zu zeigen, damit die umliegenden Nationen seinen Charakter erkennen könnten. Und er ist ein Gott, der »Waisen und Witwen ihr Recht verschafft. Er liebt die Fremden und gibt ihnen Nahrung und Kleidung«.[184]

Und er überließ die praktische Ausführung seiner Liebe zu Waisen, Witwen und Fremden nicht der Entscheidung seines Volkes, sondern er gab klare Anweisungen vor. Zum Beispiel sollten sie einen Teil ihrer Ernte auf dem Feld liegen lassen, damit die Armen es einsammeln konnten.[185]

Darüber hinaus sollten die Israeliten den zehnten Teil ihrer Ernte im dritten Jahr ihres neuen Lebens in dem verheißenen Land zur Seite legen, um ihn den »Leviten, Fremden, Waisen und Witwen« zu geben, so daß diese »davon in (ihren) Stadtbereichen essen und satt werden«.[186]

Der Segen, den Gott seinem Volk in ihrem neuen Land verheißen hat, war an diese und die anderen Bedingungen geknüpft, die er gestellt hatte. Wenn sie sich nicht an diese Gebote halten würden, so hätte das für sie Konsequenzen: »Verflucht, wer das Recht der Fremden, die Waisen sind, und das der Witwen beugt.«[187]

Es gab Israeliten, die Gottes Gebote erfüllten. Als Ijob mitten in seiner Not über den früheren Segen nachdachte, erkannte er, daß es ihm zum Teil auch deshalb früher so gut gegangen war, weil er sich um die Notleidenden gekümmert hatte, und dafür hat Gott ihn belohnt.

»Hörte mich ein Ohr, pries es mich glücklich, das Auge, das mich sah, stimmte mir zu. Denn ich rettete den Armen, der schrie, die Waise, die ohne Hilfe war … Vater war ich für die Armen, des Unbekannten Rechtsstreit prüfte ich.«[188]

Gott hatte Ijob bescheinigt, daß er »untadelig und rechtschaffen«[189] war. Ijob selbst bewertete seine praktische Hilfe für die anderen als ebenso wichtigen Teil seines redlichen und aufrichtigen Charakters wie seine persönliche Reinheit:

»Wenn ich der Armen Wunsch versagte, … wenn ganz allein ich meinen Bissen aß, das Waisenkind aber nicht davon aß – von Jugend an hat wie ein Vater er mich großgezogen, … wenn ich den Verlorenen sah ohne Kleid, … wenn meine Hand der Waise drohte, … dann falle die Schulter mir vom Nacken, breche der Arm mir aus dem Gelenk. Ja, Schrecken träfe mich, Gottes Verderben, vor seiner Hoheit hielte ich nicht stand.«[190]

Gottes Herz für die Vaterlosen stand nicht nur in dem mosaischen Gesetz. Das sollte nicht vergessen werden. Deshalb haben die Psalmisten immer wieder daran erinnert, wie barmherzig Gott ist. Die Psalmen sind voll von Erinnerungen an die Sorge Gottes um sein Volk und dessen Versorgung.

David und seine schreibenden Kollegen bezeugten, daß Gott »den Verwaisten ein Helfer« ist. »Du verschaffst den Verwaisten und Bedrückten ihr Recht.«[191] Er ist »ein Vater der Waisen«[192]. »Sie bringen die Witwen und Waisen um und morden die Fremden. Sie denken: Der Herr sieht es ja nicht, der Gott Jakobs merkt es nicht.«[193] Aber »Recht verschafft er den Unterdrückten, … der Herr beschützt die Fremden und verhilft den Waisen und Witwen zu ihrem Recht …«[194]

Aber als sich die Israeliten aus ihrem Bund der Treue zu Gott entfernten und allmählich immer mehr in Götzendienst abglitten, wandten sie sich auch von den Notleidenden ab. Durch eine ganze Reihe von Propheten hat Gott ihnen immer wieder ihren geistlichen Ehebruch vorgeworfen, und er war verzweifelt über ihre Härte gegenüber den Menschen in Not.

Die Unmoral, für die Sodom gerichtet wurde und an die man sofort denkt, wenn man über Sodom spricht, war nur ein Teil des Unrechts, das die Stadt auf sich geladen hatte. Die Sünde, die vor Gott so schwer wog und über die das »Klagegeschrei« vor Gott laut wurde[195], so daß er die Stadt der Vernichtung anheimgeben mußte, war nicht ihre sexuelle Perversion, sondern ihre Selbstsucht.

Ezechiel sagte später im Auftrag Gottes zu Jerusalem: »Die Schuld deiner Schwester Sodom war, daß sie und ihre Töchter hochmütig waren, daß sie in Überfluß zu essen hatten und in sorgloser Ruhe dahinlebten, ohne den Elenden und Armen zu helfen.«[196]

Wenn wir es versäumen, uns um die Nöte der anderen zu kümmern, führt das meistens dazu, daß wir uns zu viel um unsere eigenen Probleme und Bedürfnisse sorgen und immer selbstsüchtiger werden. Denn der Prophet fährt fort: »Sie waren hochmütig und begingen Greueltaten vor meinen Augen. Darum habe ich sie verstoßen, wie du selbst gesehen hast.«[197]

Als Jesaja aufstand und Israel vor dem drohenden Gericht und der Gefangenschaft durch die Babylonier warnte, sprach er zu einer »abtrünnigen«[198] Nation. Die Opfer, die sie brachten, und ihre religiösen Zeremonien seien bedeutungslos, verkündigte er. Ihr Herz solle an ihrem Lebensstil gemessen werden, nicht an leeren Ritualen.

»Hört auf, vor meinen Augen Böses zu tun! Lernt, Gutes zu tun! Sorgt für das Recht! Helft den Unterdrückten, verschafft den Waisen Recht, ...«[199]

Auch durch Jeremia hat Gott seinem Volk vorgeworfen, daß sie »das Recht der Waisen«[200] beugen. Aber Gott verspricht ihnen: »Wenn ihr euer Verhalten und euer Tun von Grund auf bessert, wenn ihr gerecht entscheidet im Rechtsstreit, wenn ihr die Fremden, die Waisen und Witwen nicht unterdrückt ... dann will ich bei euch wohnen hier an diesem Ort, in dem Land, das ich euren Vätern gegeben habe für ewige Zeiten.«[201]

Der Missionsbefehl

Ganz abgesehen von dieser starken Betonung der Verantwortung des Volkes Gottes für die Menschen in Not, die durch die ganze Bibel geht, haben die Christen im neuen Testament noch einen anderen Grund, warum sie sich für die abgelehnten, weggelaufenen Kinder in allen Ländern einsetzen sollen. Dieser zweite Grund ist der Missionsbefehl Jesu an alle seine Jünger.

Die letzten Worte Jesu an seine Jünger waren die Aufforderung, die gute Nachricht vom himmlischen Königreich zu »allen Geschöpfen«[202] zu bringen. Das ist sehr unzweideutig, bemerkt Doug Nichols mit leichter Ironie fast zwei Jahrtausende später.

»Das Wort Gottes lehrt uns ganz klar, daß wir, die Gemeinde, jeden mit dem Evangelium erreichen sollen, ob die Menschen arm oder reich sind, unabhängig von der Rasse und dem sozialen Stand, egal welcher Kulturkreis, welches Alter, ob jung oder alt.«

»Ich möchte die Worte, die Paulus an die Kolosser richtete, ergänzen: ... Christus ist unter euch, er ist die Hoffnung auf Herrlichkeit. Ihn verkündigen wir; wir ermahnen jeden Menschen (was auch Straßenkinder einschließt) und belehren jeden (auch das zehnjährige Kind, das sich in Manila, Bangkok oder Bogotá prostituiert) mit aller Weisheit, um dadurch alle (alle Straßenkinder und benachteiligten Kinder auf der ganzen Welt) in der Gemeinschaft mit Christus vollkommen zu machen.«[203]

»Sollte das nicht Zweck und Aufgabe jeder Ortsgemeinde und jeder Mission sein?«[204]

Ein Drittel der Weltbevölkerung ist unter fünfzehn Jahren alt, das sind 1,8 Milliarden Menschen. Von ihnen wachsen 78 Prozent nicht in einer christlichen Umgebung auf. Es ist an der Zeit, daß weltweit die Gemeinde Jesu anfängt zu erkennen, wie wichtig es ist, diese jungen Menschen mit dem Evangelium zu erreichen, erklärt Bryant Myers. Er fordert ein »ganzheitliches christliches Evangelium« und drängt:

»Die gute Nachricht von Jesus Christus muß aus Verkündigung und Prophetie bestehen und mit dem persönlichen und sozialen Umfeld zu tun haben, sie muß retten und befreien.«

»Viele Kinder können sich nicht vorstellen, daß Erwachsene gute Nachrichten bringen können ...«[205]

Auch Timothy Monsma glaubt, es sei für den missionarisch aktiven Teil der Christenheit an der Zeit zu erkennen, daß der Missionsbefehl Jesu nur erfüllt werden kann, wenn wir die Straßenkinder als eine »unerreichte Volksgruppe« einstufen.

»Es ist ein Erfahrungswert derer, die in Städten missionarisch arbeiten, daß man nicht nur in Volksgruppen denken darf, sondern auch die verschiedenen sozialen Gruppen einzeln berücksichtigen muß«, behauptet Monsma.[206]

»Wenn wir akzeptieren, daß Straßenkinder eine relativ homogene soziale Volksgruppe sind, verteilt auf die Städte dieser Welt, dann müssen wir auch erkennen: Es ist eine Gruppe in Millionengröße, die noch nicht richtig mit dem Evangelium in Berührung gekommen ist, eine unerreichte Volksgruppe.«[207]

Kapitel 10

Die Retter

»Sie gab ihm ein, wenn auch nur aus Brot und Käse bestehendes Mittagessen – mehr vermochte sie in ihrer Armut nicht zu geben –, und sie tat es mit so gütigen, mitleidigen Worten, daß Oliver für eine Zeitlang alle seine Leiden und Entbehrungen vergaß.«

Oliver Twist, 6. Kapitel, Seite 32

Das Haus der Wiederherstellung

»Bin ich ein Mensch?« Das war eine der seltsamsten und eindringlichsten Fragen, die Johan Lukasse jemals gehört hatte. Ein neunjähriger Junge stellte sie ihm, als er in das Tageshaus kam, das für Straßenkinder eine Duschgelegenheit und etwas Essen anbietet.

»Die Frage hatte mich aufhorchen lassen, und ich hakte nach, warum er das wissen wolle. Er sagte, weil die Leute ihn ›Müll‹ und alle möglichen anderen Sachen nennen würden.«

Dieselbe Frage wird Lukasse jedesmal neu gestellt, in immer wieder anderen Worten, wenn er mit seinen Mitarbeitern auf den Straßen unterwegs ist. Jedesmal, wenn diese Erwachsenen zu den Straßenkindern gehen, werden sie umringt von einer Menge begeisterungsfähiger Kinder, und jedes einzelne möchte den Erwachsenen persönlich die Hand geben.

Lukasse achtet darauf, daß er jedes Kind namentlich begrüßt, seine Hand nimmt und seinen Kopf und Nacken streichelt, solange er mit ihm redet. Sie saugen diese Aufmerksamkeit förmlich auf. Lukasse hat immer wieder beobachtet:

»Die Straßenkinder sind voll großer emotionaler Nöte. Sie sehnen sich so sehr danach, von jemandem als Person anerkannt zu werden, mit eigenem, persönlichen Wert. Sie hungern förmlich nach Aufmerksamkeit.«

Seit zehn Jahren leitet er mit seiner Frau die Arbeit von *Jugend mit einer Mission* in Belo Horizonte, der viertgrößten Stadt Brasiliens. Er ist zu einer sehr bekannten und beliebten Person unter den Straßenkindern geworden.

Außerdem hat das Ehepaar auch die Achtung und die Anerkennung der städtischen Beamten und der Gemeindeleiter erworben. Die Arbeit ist stark gewachsen und umfaßt jetzt ein Tageshaus, zwei »Zwischenstationen«,[208] ein Heim speziell für Kinder mit Aids und eine tägliche Suppenküche.

Während andere angesichts der Größe des Problems der Straßenkinder die Hände ringen, hat die Familie Lukasse, ähnlich wie andere Helfer in anderen Städten ohne viele Worte zu machen die Ärmel hochgekrempelt und ist mitten in das Elend hineingegangen, um zu helfen.

Sie arbeiten auf den Straßen, verbinden Wunden, geben Essen aus und bauen langsam Brücken des Vertrauens zu den Kindern, zentimeterweise. Sie arbeiten in Häusern mit Schlafplätzen und in Tageshäusern, wo die Kinder ihre ersten zaghaften Schritte weg von der Straße versuchen können.

Andere Helfer gehen noch einen Schritt näher an die Ursache der Probleme heran. Sie gehen in die Slums, wo Familien auseinanderbrechen und wo die drückende Armut die Kinder aus den Familien herausdrängt. Dort versuchen sie, sich der Flut von »weglaufenden und weggerannten« Kindern entgegenzustellen, indem sie die Familien unterstützen und ihnen helfen, zusammenzubleiben.

Ihre Möglichkeiten der Hilfe reichen von Arbeitssuche bis Familienseelsorge.

Inzwischen gibt es auch von der Regierung bezahlte »Straßen-Erzieher«. Oft sind das Erwachsene, die früher selbst Straßenkinder waren und die nun nach Wegen suchen, wie die Kinder in ihrer unmittelbaren Umgebung besser leben können. Sie vermitteln vieles, von gesundheitlichem Rat bis hin zu Lese-Kursen.

Allen ist klar, daß die »Jugendlichen nicht warten können, bis die globalen Probleme gelöst werden, um danach die Aufmerksamkeit und Fürsorge zu erhalten, die für sie überlebensnotwendig ist. Sie brauchen sofort Hilfe.«[209]

Das Ehepaar Lukasse hat im Laufe der Jahre alles erlebt, was man sich nur vorstellen kann. Johan Lukasse war früher von Beruf Lehrer, Jeannette hat Krankenpflege gelernt. Das holländische Ehepaar hat zu den drei eigenen Kindern auch noch zwei Kinder adoptiert, einen behinderten Jungen und ein behindertes Mädchen.

Sie haben Neunjährige kennengelernt, die andere Kinder umgebracht haben. Eines nachts kam ein dreizehnjähriges Mädchen und suchte Hilfe. Sie nahmen die Kleine auf. Später fanden sie heraus, daß sie die Mörderin des Straßenjungen war, dessen Beerdigung die Lukasses gerade vorbereiteten. An einem anderen Tag rannte ein sechsjähriger Junge in die Küche, schnappte sich ein Messer und verteidigte sich gegen einen anderen Jungen. Einige der Teenager, denen die Familie Lukasse helfen wollte, haben sie auch ausgeraubt und bedroht.

Einmal mußten sie eine Sechzehnjährige retten, die gerade von ihrer ehemaligen Bande gejagt wurde. Die Gang war wütend, weil sie wegen des Mädchens die Polizei am Hals hatten.

Dieses Mädchen hatte jahrelang Kokain genommen und war gerade im Krankenhaus, als die Bande kam. Alle waren bewaffnet. Sie zwangen eine Krankenschwester mit gezogener Pistole, ihnen den Weg zu dem Mädchen zu zeigen. Die Polizei kam in letzter Sekunde, um das Mädchen zu retten.

Nachdem sie im »Haus der Wiederherstellung« von Familie Lukasse ankam, erfuhr sie, daß sie für ihre Jahre als Prostituierte einen hohen Preis bezahlen mußte. Sie hatte sich mit HIV infiziert.

Was Johan Lukasse vorantreibt, ist »mehr Wut als Mitgefühl«, sagte er. »Ich bin nicht die ganze Zeit in meinem Herzen und in meinen Gefühlen erschüttert, und ich muß auch nicht die ganze Zeit weinen. Manchmal weine ich schon, aber das ist im Gebet, dann fühle ich plötzlich ein kleines bißchen von Gottes Herz für diese Kinder, aber ansonsten hat meine Arbeit nicht nur mit Gefühlen zu tun.«

»Wenn ich draußen auf den Straßen unterwegs bin, dann werde ich vor allem wütend auf den Feind. Satan versucht, diese Kinder zu rauben und zu töten. Das gibt mir Entschlossenheit, mit der Arbeit weiterzumachen und wirklich etwas gegen die Not zu tun.«

Die Mission der glücklichen Kinder

Eines Tages, als Sarah Jarman, die erst kurz vorher Christ geworden war, für Brasilien betete, sah sie vor ihrem inneren Auge ein seltsames

Bild: Sie sah den Rattenfänger aus der Legende, der mit vielen Kindern auf der Straße tanzte. Und Gott sagte ihr: »Das bist du.« Verwirrt und ohne jemals von den Straßenkindern in Brasilien gehört zu haben, fing sie an, herumzufragen.

»Bis mir jemand sagte: Weißt du denn nichts von all den Straßenkindern, die sterben und ermordet werden? Als ich das hörte, wußte ich, daß ich nicht länger bleiben konnte. Ich mußte gehen.«

Sie war zu der Zeit sehr erfolgreich in der Werbebranche und als Produzentin für Film und Fernsehen tätig. Die Filme »Greystoke« und »The Killing Fields« waren von ihr. Eine große Karriere lag vor ihr. Doch als Gott zu ihr sprach, kehrte sie dem allen den Rücken und schloß sich *Jugend mit einer Mission* als unbezahlte Mitarbeiterin an. Ihre ersten Erfahrungen auf den Straßen Brasiliens waren fast unerträglich.

»Zwei Wochen lang sah ich, wie die Kinder auf den Straßen schlafen und sterben, wie sie sich bekämpfen, wie sie so voller Drogen sind, daß sie sich von vorbeifahrenden Autos erfassen lassen, und ich weiß noch, wie ich dachte: Das hier ist aussichtslos. Was will ich denn hier? Ich will nach Hause. Die Probleme hier sind zu groß, was soll ich denn da?«

Mitten in dieser Krise lernte sie einen sehr »netten, freundlichen« achtzehnjährigen jungen Mann kennen. »Er sagte, daß er vierzehn Jahre lang auf der Straße gelebt hatte. Ich konnte es kaum glauben. Ein Drittel der Kinder sterben, bevor sie dieses Alter erreichen.«

»Als ich hörte, wie er davon sprach, daß er durch die Liebe einiger Missionare Christ geworden war, dachte ich: Deshalb bin ich hier. Und ich ließ alle Gedanken an meine Arbeit und mein luxuriöses Leben hinter mir.«

Sie arbeitete für einige Zeit in den schlimmsten, verrufensten Slums von Rio de Janeiro. Rings um die Innenstadt gibt es etwa 700 sogenannte Favellas, Siedlungen aus erbärmlichsten Hütten. Zusammen mit ihrem brasilianischen Ehemann John, den sie dort kennenlernte, begann sie einen neuen Dienst.

Sie haben gemeinsam die »Mission der glücklichen Kinder« gegründet. Dazu gehört eine Farm außerhalb von Belo Horizonte. Dorthin bringen sie die Jungen und Mädchen von der Straße, damit sie dort eine Zeit der »Heilung und Wiederherstellung erfahren können«.

Von dort aus kommen sie dann in christliche Familien, die sie adoptieren wollen.

Bob Sanchez

Alles lief gut für Bob Sanchez und seine kleine Gemeinde in der Nähe der Universität von Manila. Sie boten Unterkünfte für Studenten an, was zu einer guten Zusammenarbeit zwischen der Gemeinde und den Studenten beitrug.

Bis dem Pastor die Kinder auffielen, die auf den Straßen lebten und sogar in der mittelständischen Gegend seiner Gemeinde herumlungerten. »Uns wurde bewußt, daß wir unmöglich auf Dauer ignorieren konnten, was sich um uns herum abspielte, erinnert sich der Pastor, der immer ein Lächeln auf dem Gesicht hat. »Wir konnten einfach nicht ständig unsere Anbetungsgottesdienste, Bibelstunden und Gebetstreffen abhalten, während die Menschen vor unserem Gebäude in Not waren. Damit wurde unser ganzer Gottesdienst fragwürdig.«

»Wenn man aufrichtig die Bibel studiert, entdeckt man unweigerlich, daß Jesus in seinem Dienst nicht nur das Evangelium gepredigt hat. Jedesmal, wenn Jesus auf einen Menschen zuging, sah er ihn als Ganzheit. Er sah die Person an, erkannte ihre Not und diente ihr. Dann erklärte er das Evangelium.«

»Zum Beispiel die zehn Aussätzigen: Sie wurden alle geheilt, obwohl nur einer von ihnen danach zu Jesus zurückkam und ihn als Sohn Gottes anerkannte.«

Heute hat diese Gemeinde ein Gebäude für Straßenkinder, das es den Kindern so leicht wie möglich macht, hereinzukommen und sich zu waschen. Dort bekommen sie auch medizinische Hilfe und etwas zu essen. Kinder, die regelmäßig kommen, werden eingeladen, an einem Wohnprojekt teilzunehmen. Die Jungen können in einem Wohnheim leben und an einer handwerklichen Ausbildung teilnehmen.

Die Gemeinde wird mit Spenden vom Ausland unterstützt. Dadurch können einige Gemeindemitglieder den Jugendlichen beibringen, wie man Kerzen macht. Und sie zeigen ihnen die Herstellung von Körben, die so ähnlich geflochten werden wie Weidenkörbe, allerdings bestehen sie aus ausrangierten Telefonbüchern und alten Time-Magazinen.

Einige der Gemeindemitglieder waren am Anfang skeptisch. »Sie befürchteten, daß die Jungen uns bestehlen würden, und das ist uns auch tatsächlich passiert«, erinnert sich Bob Sanchez.

Aber mittlerweile hat sich die Gemeinde an die Jugendlichen in ihrer zerrissenen Kleidung, die am sonntäglichen Gottesdienst teilnehmen, gewöhnt. Viele Christen nehmen über Weihnachten oder an anderen Feiertagen ein Kind bei sich zu Hause auf, holen es aus dem Heim und übernehmen kurzzeitig die Rolle von Pflegeeltern.

Das Wichtigste, was die Gemeinde den Kindern vermitteln kann, ist das Wort Gottes. Sie ermutigen sie, als Christen voranzugehen und zu wachsen. »Wir glauben, daß Jesus die Antwort ist, denn es braucht eine innere Veränderung. Wir halten nichts von der Verhaltenstheorie, die lehrt, daß die Kinder unter veränderten Außenbedingungen besser sein würden.«

»Natürlich ist es irgendwie eine Hilfe, wenn die Lebensbedingungen sich verbessern, aber vor allem muß sich das Herz ändern. Dann erst sind alle äußeren Verbesserungen wirklich effektiv und hilfreich.«

Die Loreto-Schule und die Regenbogen-Schüler

Schwester Cyril sieht immer noch ein bißchen irisch aus, obwohl sie schon seit fast vierzig Jahren in Indien lebt. Ihre herzliche, anteilnehmende und doch klare Art faßt sie selbst mit dem Satz zusammen: »Probleme sind Dinge, die man lösen muß, nicht bejammern.«

Sie ist Leiterin einer katholischen Schule namens Loreto, genau gegenüber des Sealdah-Bahnhofs in Kalkutta. In ihrem Büro türmen sich schmutzige Stofftiere zu einem kleinen Berg. Man sieht selten so schmutzige Plüschtiere wie bei dieser Schuldirektorin.

Der riesige Koalabär und die anderen Spielsachen haben den Schmutz und ihren üblen Geruch von den Straßenkindern, die jederzeit in das Büro der Direktorin hereinspazieren dürfen, Schwester Cyril bei ihrer Schreibarbeit unterbrechen, sie umarmen und drücken und dann wieder verschwinden.

Sie läßt sich von diesen kurzen Besuchen nicht durcheinanderbringen, hält nur kurz inne, um uns zu erklären, daß es nicht ausreicht, hinauszugehen und soziale Arbeit zu tun. Denn »danach kehrt man wieder in sein Zuhause zurück und läßt die Menschen, die man erreichen will, draußen. Es ist wichtig, die Menschen hereinzubitten. Dazu muß man dann eben akzeptieren, daß der eigene Raum nicht so wunderschön sauber und ordentlich bleibt und daß man in seiner Arbeit unterbrochen wird.«

»Das ist der Preis, den man bei dieser Arbeit bezahlt, aber die Kinder sind viel wichtiger als der Zustand meines Büros.«

Diese Nonne aus Dublin konnte es eines Tages einfach nicht mehr ertragen, daß in der Umgebung dieses zweitgrößten Bahnhofes der Stadt so viele Kinder auf den Straßen leben und arbeiten. Sie beschloß, den ihr möglichen kleinen Beitrag zu leisten und den Rest der Schule dafür zu gewinnen.

Jetzt gehen die Schulkinder in ihren hübschen Uniformen hinüber zum Bahnhof und schließen mit einigen der Altersgenossen, die dort schlafen, Freundschaft. Die Straßenkinder verdienen sich ihr Geld mit Botengängen für Erwachsene, Betteln oder Stehlen. Die Schulkinder laden sie ein, den Unterricht zu besuchen.

Die Straßenkinder können jederzeit in den Unterricht kommen, wann immer sie wollen und können. Denn viele von ihnen müssen arbeiten, um ihr eigenes Leben und oft auch zum Teil ihre Familien zu unterstützen. In der Schule gibt es etwas zu essen und das Angebot, ein bißchen Lesen, Schreiben und Handarbeiten zu lernen. Die älteren Schüler, die den ganzen Tag in der Schule sind, wurden von der Schule angeleitet, jeweils ein Straßenkind zu betreuen.

Einige der Eltern, die für ihre Kinder Schulgebühr bezahlen, waren am Anfang ziemlich entsetzt und besorgt über die Entwicklung ihrer kleinen, feinen katholischen Schule, so berichtet Schwester Cyril, und dieser freie, leichte Zugang der Straßenkinder zur Schule erfordert »einige Flexibilität«.

»Wenn die armen Kinder sich in deiner Schule nicht wohl fühlen, dann mußt du die Schule ändern, weil die Schule falsch angelegt ist, nicht die Kinder. Die Straßenkinder sollten die wichtigsten Kinder sein, weil sie in so vielen Bereichen beraubt werden.«

Schwester Cyril ergänzt noch, daß ihr Schulkonzept jetzt nach einigen Jahren von großen Teilen der Schüler und Eltern akzeptiert wird.

Die älteren Schüler in der Ganztagsschule haben beschlossen, daß »Straßenkinder« ein zu häßlicher Name ist, und sie fingen an, die Kinder »Regenbogenkinder« zu nennen, weil darin die verschiedenen Farben der Schöpfung enthalten sind. Die Arbeit mit den Regenbogenkindern ist eine »überaus lehrreiche Erfahrung«.

Die Schule ist eine kleine Insel in dem Meer der Probleme und der Armut in Kalkutta und Indien, aber Schwester Cyril läßt sich von der Größe der Not nicht entmutigen. »Kinder sind die Zukunft des Landes. Wir sind für sie da, und ich bin erst zufrieden, wenn jedes Kind freien Zugang zu gesunder Nahrung und zu einer soliden Schulbildung hat.«

»Dann werden sich all die anderen Probleme nach und nach von alleine lösen. Wenn wir die Menschen fördern, dann werden sie die Mittel freisetzen, die nötig sind, um alles andere zu ordnen. Leider stellen die Regierungen oft nur die Mittel zur Verfügung und vergessen dabei, parallel dazu auch die Menschen zu unterstützen, denen geholfen werden soll und die helfen sollen.«

Aber Schwester Cyril denkt nicht nur an die Zukunft der Straßenkinder, sondern sie gibt ihnen auch für ihre jetzige Situation praktische Hilfe: Sie bietet ihnen die Möglichkeit an, Selbstverteidigung zu lernen. »Das hilft den Straßenkindern, sich selbst zu schützen und gibt ihnen ein bißchen Selbstachtung und Selbstwert. Das ist so wichtig, denn davon bleibt bei dem Leben auf der Straße kaum etwas übrig, sie fühlen sich oft nur als schmutzige Sachen, kaum als Menschen.«

Die Stiftung »Kinder der Anden«[210]

Nicht nur Christen, die nach biblischen Grundsätzen leben, kümmern sich um Straßenkinder und setzen sich für sie ein. Das haben wir auch schon an Ana Vascencelos gesehen, der ehemaligen Anwältin, die jetzt in Brasilien arbeitet. Aber sie ist nicht die einzige.

Jaime Jaramillo, Geschäftsmann aus Kolumbien, bekam internationale Anerkennung für seine Arbeit »Kinder der Anden«, die er nach einer zufälligen Begegnung an Weihnachten vor zwanzig Jahren begann.

Er war zu Fuß in Bogotá unterwegs und wurde Augenzeuge, wie ein kleines Straßenmädchen auf die Straße rannte, weil es einen Geschenkkarton aufheben wollte, der aus dem Fenster eines vorbeifahrenden Autos geworfen worden war. Dabei wurde das Kind von einem LKW erfaßt und überfahren. Es war sofort tot. Jaramillo eilte zu ihr und stellte fest, daß die Verpackung leer war. Er war erschüttert und wütend über diesen sinnlosen Tod des Mädchens. Damals begann er, regelmäßig die Straßenkinder zu besuchen und ihnen Essen, Kleidung und Medizin zu bringen.

Einmal fragte er ein Mädchen nach ihrer Adresse. Zu seiner Überraschung nannte sie ihm eine Straße in dem modernsten Teil der Stadt.

Er fand dann heraus, daß sie unter der Erde lebte. Zusammen mit einer Gruppe anderer Kinder hatte sie sich in den dunklen Abwasserkanälen eine Art von Zuhause gebaut, mitten zwischen Gestank und Ratten.

Der erfahrene englische Fernsehjournalist Desmond Wilcox kroch durch die stinkenden Kanäle, um einen Film über die Arbeit von Jaramillo zu drehen. Er sagte später dazu: »Seit dreißig Jahren mache ich überall auf der Welt Dokumentarfilme. Ich war in Kriegszonen und in Gegenden, die vom Taifun zerstört waren und habe persönliche Schicksale gefilmt … Aber das hier ist wohl der schlimmste Ort, den ich jemals gesehen habe.«

Jaramillo ist weiterhin regelmäßig in den Abwasserkanälen unterwegs. Er trägt dazu einen Taucheranzug. Einmal kam er gerade dazu, wie eine Fünfzehnjährige dort unten auf einem Sims über dem Dreckwasser ein Kind zur Welt brachte.

Er versucht zuerst, mit den Kindern Freundschaft zu schließen, dann lädt er sie zu einem der Zwischenstations-Häuser ein, die seine Stiftung jetzt unterhält.

»Ich muß diese Arbeit weitermachen«, erklärt er. »In den Heimen leben dreihundert Kinder, denen wir helfen wollen, und auf den Straßen gibt es Tausende weiterer Kinder, da kann ich nicht aufhören. Egal, was passiert, ich werde weitergehen.«[211]

Hoffnung für die Zukunft[212]

Als der britische Großbankier in Kalkutta, Tim Grandidge, eine Gruppe von Jungs entdeckte, die auf der Straße vor einem Büro lebten, traf er mit ihnen ein Abkommen. »Wenn ihr auf mein Auto aufpaßt, werde ich mich um euch kümmern.«

Nicht lange Zeit danach baute er eine Schlafstelle für die Jungs auf dem Dach seines Wohnhauses, so daß sie einen guten Platz zum Übernachten hatten. Als ihm dann seine Bank mitteilte, daß er nach Hongkong versetzt werden sollte, beschloß er, seine Arbeit aufzugeben und sich ganz seinem Projekt »Hoffnung für die Zukunft« zu widmen.

Obwohl er mehrere Heime eröffnet hat, die von indischen Hauseltern geleitet werden, in denen die Kinder leben können und in denen sie Erziehung und Berufsausbildung bekommen, ist das doch nur der berühmte Tropfen auf dem heißen Stein. Die Not in der Stadt ist immens. Sein Mitarbeiter Martin Graham meint:

> *»Die Situation der Straßenkinder ist so schlimm, daß man wirklich im großen Rahmen etwas tun müßte. Aber in Indien geht zur Zeit aus wirtschaftlichen und kulturellen Gründen nicht viel. So tun wir in der Zwischenzeit eben das, was wir können.«*
>
> *»Wenn wir auch nur dazu beitragen können, daß das Leben für ein einziges Kind etwas erträglicher wird, und wenn es nur für einen Tag ist, dann hat sich unsere Arbeit gelohnt. Wenn man mit den Kindern spricht, ihre Hand hält oder wenn sie einem ihre paar Pfennige anvertrauen, dann weiß man, daß man etwas bewirkt hat.«*

Auch die bekannte indische Schauspielerin Om Puri hilft mit, für dieses Projekt Spenden zu sammeln. Sie spielte in dem Film *City of Joy* eine Hauptrolle. In dem Film wird die niederschmetternde Armut Kalkuttas in ihrer historischen Entwicklung dargestellt.

Die Stiftung *Holly Ryder*

In den Vereinigten Staaten hat die ehemals führende Pornofilm-Schauspielerin Lisa Marie Abato eine Kampagne gestartet, mit der sie durchsetzen will, daß Pornofilme als eine Form der Prostitution eingestuft werden. Damit müßte diese Industrie strenger kontrolliert werden, und Kinder, die von zu Hause weggelaufen sind, würden eher von dieser Branche ferngehalten werden.[213]

Sie selbst stieg 1992 aus der Porno-Industrie aus und gründete die »Holly Ryder«-Stiftung. Den Namen wählte sie in Anlehnung an ihren Künstlernamen, mit dem sie in mehr als 200 Filmen auftrat. Sie möchte den Teenagern helfen, die in Hollywoods Straßen von den Pornofilm-Produzenten rekrutiert werden.

Sie selbst wurde zu Hause mißbraucht und verließ ihre Familie im Alter von dreizehn Jahren. In Californien begann sie ein neues Leben und spielte drei Jahre lang Hauptrollen in Sexfilmen. Sie sagt über diese Zeit:

»Wenn man wenig Selbstwertgefühl hat, dann ist es sehr schwer für ein junges Mädchen, das auf sich selbst angewiesen ist, seinen eigenen Lebensweg zu finden, ohne mit der Sexindustrie in Berührung zu kommen.«[214]

Jubilee Action

Die Büros von *Jubilee Action* sind so nahe an dem Wimbledon Fußballstadion im Südwesten Londons, daß man dort das Jubeln der Leute gut hören kann. Und es scheint sehr weit weg zu sein von den südamerikanischen Straßen. Aber seit langem ist dies der zentrale Ort, um den Kindern Südamerikas zu helfen.

Obwohl das Büro eindeutig nicht im Zentrum des Geschehens liegt, sind diese mit Forschungsberichten vollgestopften Räume der Ort, wo Danny Smith und seine Menschenrechtsorganisation *Jubilee Action* ihre Anstrengungen zusammenfassen, um die Haltungen, Handlungen und Gesetze in bezug auf die Straßenkinder zu verändern.

Diese englische Organisation, die unlängst doch in andere Räume umzog, hat hinter den Kulissen viel bewirkt, daß Straßenkinder in den letzten Jahren zu einem politischen Thema geworden sind.

Durch ihr unermüdliches politisches Arbeiten haben sie zur Gründung einer Allparteien-Organisation beigetragen, in der sich Parlamentsabgeordnete zusammengeschlossen haben, die das Thema auf internationaler Ebene behandeln und die Frage nach der Einhaltung der Menschenrechte verfolgen wollen.

Jubilee Action hat auch wesentlich zur Gründung des Dachverbandes aller Straßenkinder-Hilfsorganisationen[215] beigetragen, in der ein breites Spektrum von Aktions- und Wohlfahrtsorganisationen zusammenkommen und durch die auch Gruppen finanziell unterstützt werden, die Heime und Projekte für Straßenkinder leiten.

Aber ihr Schwerpunkt ist das »Gesamtbild«. Und das ist nach wie vor ernüchternd. Danny Smith sieht deshalb auch die Arbeit von *Jubilee Action* auf lange Zeit angelegt:

»Veränderung wird nicht über Nacht kommen, sondern wir sind mitten in einem langfristigen Prozeß.«

Herzen und Häuser öffnen

Der Spitzencoach im Basketball, Pat Williams, und seine Frau Jill haben einen Weg gefunden, den Straßenkindern von den Philippinen und Brasilien von zu Hause aus zu helfen. Sie leben in Orlando, Florida.

Genauer gesagt helfen sie den Kindern *in* ihrem Zuhause.

Denn sie haben fünf Straßenkinder aus den beiden Ländern adoptiert, so daß ihre Familie mit den eigenen und den adoptierten Kindern zusammen nun achtzehn Mitglieder zählt. Ein Journalist, der sie zu Hause besucht hat, beschreibt ihr Haus von außen als

> *»durchschnittliche Mittelklasse, aber wenn man die Räume von innen kennenlernt, sieht man deutlich, daß sie ihren persönlichen Freiraum und Wohlstand geopfert haben für die verlorenen Kinder der verschiedenen Länder, denen sie ein besseres Leben ermöglichen wollen.«*[216]

Das Ehepaar erklärt: »In der Bibel gibt es vierundvierzig Stellen, in denen Gottes besondere Fürsorge für Waisen erwähnt wird ... wir haben einfach darauf reagiert.«

Aber nicht immer ist alles so einfach und so perfekt. Die Missionare David und Rachel Perkins haben den siebenjährigen José adoptiert, den sie in Manila kennengelernt haben. Damals hatte ein Arzt ihnen gesagt, daß José in wenigen Jahren sterben würde, wenn sich niemand um ihn kümmert.

Mit großen Erwartungen nahmen sie ihn mit nach Amerika und halfen ihm, sowohl die fremde neue Kultur als auch all das Grundsätzliche eines zivilisierten Lebens kennenzulernen. Zum Beispiel mußte er das Essen aus einem Teller mit Besteck und das Schlafen bei Nacht in einem Bett lernen. Beides war für das Kind nicht einfach, war er doch wie ein kleines Tier aufgewachsen, hatte mit den Fingern gegessen und immer nur kurz und unruhig geschlafen.

Aber als er sich so langsam an das alles gewöhnte, fiel den Eltern auf, daß der Junge noch tiefere Probleme hatte. Da er jahrelang verwahrlost und unterernährt war, konnte er sich körperlich nicht richtig entwickeln. Seine Sehkraft und Hörfähigkeit waren eingeschränkt, und er war auch geistig zurückgeblieben. Sie mußten viel Zeit und Geld für seine medizinische Behandlung investieren. Und das war noch nicht alles.

Er war emotional so verletzt, daß es ihm nicht möglich war, sich als Teil der Familie zu sehen oder zu fühlen. Auch Gebet und Seelsorge konnten ihm keinen Zugang zu sich und zu anderen verschaffen.

»Wir haben gelernt, unsere Erwartung an seine Fähigkeiten anzupassen«, gaben sie ehrlich zu. »Um Josés willen sind wir glücklich. Wenn wir ihn nicht aufgenommen hätten, würde er heute wahrscheinlich nicht mehr leben.«

»Aber wenn wir an uns, unsere Ehe und unsere anderen Kinder denken, würden wir, wenn wir wieder vor die Entscheidung gestellt werden würden, diesen Schritt nicht noch einmal machen.«

Der Preis für die Fürsorge

Die Perkins sind nicht die einzigen, die ihre Hilfe für Straßenkinder in Frage stellen. Selbst wenn man sich im klaren ist, daß ein junges zerbrochenes Leben nicht über Nacht geheilt werden kann, so kann die Last, die man sich auflädt, wenn man mit diesen jungen Leuten arbeitet, doch sehr schwer sein, und der Weg von der Straße in ein neues Leben ist für Straßenkinder sehr weit.

»Mit das Schwerste, worum unsere Mitarbeiter geistlich ringen, sind die Kraft und der Wille, immer weiter zu machen«, sagte Johan Lukasse. »Denn man investiert so viel Zeit und sieht so wenig Ergebnisse. Da wird man leicht entmutigt.«

Die Psychologin Anne Balfour glaubt, daß vielen Straßenkindern die Vertrautheit des Lebens auf der Straße, das sie kennen, lieber ist als eine unbekannte Zukunft außerhalb der Straßen, in einem anderen Umfeld, das sie nicht kennen.

»Dieses Verhalten ist typisch für Menschen mit psychischen Problemen. Das Mädchen, das mißbraucht wurde, heiratet einen Mann, der ihre Tochter mißbraucht. Scheinbar ist es am sichersten, in dem zu bleiben, was man kennt, egal wie schlimm das auch ist.«

Sie erinnert sich an ein kolumbianisches Mädchen namens Maria. Sie war ein junger Teenager und besuchte eine Zeitlang einen Treffpunkt für Straßenkinder. Dann kam sie plötzlich nicht mehr. Die Mitarbeiter machten sich schon Sorgen um sie und waren sehr erleichtert, als sie eines Tages wieder auftauchte. Aber dann stellte sich heraus, daß sie nur ihre Sachen holen wollte, die sie in dem Zentrum zurückgelassen hatte. Sie ging mit ihrem Freund zusammen zurück auf die Straße.

»Sie konnte Liebe und Freundschaft kaum ertragen, es war schwer für sie, wenn Menschen sich um sie kümmern wollten. Diese Zuwendung war mehr, als sie aushalten konnte, und sie hatte große Angst davor ... Das zeigte uns wieder, welch eine Gratwanderung es ist, Kinder von den Straßen zu holen. Es ist ein langsamer Prozeß, der Jahre dauern kann.«

Edson war der Anführer von einer der ersten Straßenbanden, mit der die Familie Lukasse in Kontakt kam, als sie begann, auf die Straßen zu gehen. Die Lukasses waren selbst überrascht, als Edson und seine ganze Clique nach relativ kurzer Zeit beschloß, Christen zu werden, die Straße zu verlassen und ein neues Leben anzufangen.

Edson absolvierte sogar eine sechsmonatige Jüngerschaftsschule, die *Jugend mit einer Mission* anbietet und die Christen hilft, in ihrem Glauben zu wachsen und sich auf eine missionarische Arbeit vorzubereiten.

Dann ging er zurück in seine Heimat, um dort jemanden zu besuchen, und er blieb dort. Bald lebte er wieder im alten Stil auf der Straße. Das letzte, was die Lukasses von ihm hörten, war, daß er zu Hause bei seiner Mutter und seinem Stiefvater sei. Vorübergehend zumindest.

»Das war eine bittere Enttäuschung, aber wir hätten einfach nicht mehr für ihn tun können«, erinnert sich Johan. »Irgendwann muß sich auch jedes Straßenkind entscheiden, und er hat sich bewußt entschieden, seinen Weg ohne Gott zu gehen, obwohl er wußte, was das richtige gewesen wäre.«

»Die Straße selbst ist eine Bindung, die stärker ist als jede Droge, die man dort konsumieren kann. Straßenkinder brauchen viel mehr Rehabilitation, um in ihren Herzen und in ihrem Denken von dieser Bindung an das Leben auf der Straße frei zu werden, als sie brauchen, um von Drogen frei zu kommen.«

»Es braucht nach meiner Erfahrung nicht weniger als ein echtes Wunder, das der Heilige Geist in ihrem Leben vollbringt. Es ist möglich, daß sie ihre Gewohnheiten für eine gewisse Zeit ändern, aber wenn ihr Herz nicht verändert ist, dann sind sie immer noch die gleiche Person, selbst wenn sie sauber aussehen und eine Arbeit haben.«

In diesem Zusammenhang unterscheiden sich christliche Arbeiten unter Straßenkinder von allen anderen. Die Christen sehen, daß selbst Kinder, die »unschuldige Opfer« von Mißbrauch und Verwahrlosung sind, gemäß der Bibel doch auch Sünder sind und umkehren müssen, weil sie ein neues Leben von Gott brauchen.

Es ist ein labiles Gleichgewicht, das man zwischen dem Mitgefühl angesichts der Not der Straßenkinder und der Erkenntnis ihrer eigenen Schuld halten muß. Obwohl viele Kinder durch entsetzliche Lebensumstände unfreiwillig in ein verbrecherisches Leben gestoßen wurden, ist damit das Unrecht, das sie tun, doch nicht zu entschuldigen.

»Wir müssen die Sünde mit Gottes Augen sehen. Unsere menschliche Art ist oft, daß wir das Problem und die Sünde größer machen als Gottes Fähigkeit zu heilen und zu befreien«, erklärt Joe Appler, der mehrere Jahre lang die Aktivitäten des »Zentrum-Heimes« und des »Heims der Hoffnung« geleitet hat. Von beiden Häusern aus wird versucht, junge Menschen in Hollywood zu erreichen.

Alle hatten den Traum, in der Umgebung der großen Filmstars entdeckt und selbst berühmt zu werden. Doch nach kurzer Zeit verkaufen diese jungen Möchte-gerne-Stars ihren Körper, nur um etwas zu essen kaufen zu können.

»Ich lebe in einem Widerspruch, denn ich sehe sie als Opfer und als Täter. Mein Herz liebt sie. Und sie wachsen in einer chaotischen Welt auf.«

»Man kann den alten Menschen nicht besser oder heilig machen, und ich bin mir ganz sicher, egal, aus wie vielen schlimmen Gründen die Kinder von zu Hause weggelaufen sind, so ist ihr größtes Problem auf der Straße doch ihre alte Natur. Sie leben zu ihrer eigenen Befriedigung, nicht nach Gottes Vorstellung.«

»Natürlich haben viele von ihnen triftige Gründe, ihr Elternhaus zu verlassen, aber es gibt keine Entschuldigung dafür, nach dem Willen des alten Menschen zu leben. Ich habe kein Mitleid mit ihnen, aber ich habe Barmherzigkeit für sie. Und deshalb stimme ich nicht in den Chor derer ein, die seufzen: Die armen Kinder!«

»Was auch wieder nicht heißt, daß ich nicht bewegt bin und weinen muß. Ich bleibe bei ihnen und bestürme den Himmel mit ihren Anliegen. Aber auch die am meisten mißbrauchte Person wird eines Tages allein vor Gott stehen und gerichtet werden. Und dann will ich, daß die Straßenkinder gerechtfertigt durch Jesus vor Gott stehen. Ich möchte, daß sie Vergebung empfangen haben.«

Kapitel 11

Liebe bahnt sich einen Weg

»Ich wußte es ja, daß er wiederkommen würde! Und wie gesund und blühend er aussieht! Wo bist du denn die lange, lange Zeit über gewesen? Ach, es ist dasselbe süße Gesichtchen, nur nicht so blaß. Dasselbe sanfte Auge, nur nicht so traurig.«
Oliver Twist, 27. Kapitel, Seite 215

Larry

Wie viele andere Jungen träumte auch Larry davon, einmal Polizist zu werden, wenn er erwachsen wäre. Denn er hatte sich vorgenommen, seinen Vater umzubringen.

»Ich habe mir selbst geschworen, ihn zu töten, weil ich nicht ein einziges Mal spüren konnte, daß er mich liebt oder sich um mich kümmert«, erinnert er sich.[217]

»Er hat mich immer geschlagen, manchmal auch mit Ketten oder einem Stuhl. Er hat auch mit dem Messer nach mir gestochen, weil ich nicht in der Lage war, Wasser für die Familie zu besorgen ... Oft schlug er mich auch einfach so, ohne Grund.«

Als er fünf Jahre alt war, begann Larry, draußen mit den Straßenkindern zu schlafen. Meistens verkrochen sie sich nachts in geparkten Jeepneys. Das sind grellbunt bemalte Fahrzeuge, die zum Teil an Jeeps erinnern und als ein Mittelding zwischen Bus und Taxi eingesetzt werden. Sie verstopfen ständig die Straßen Manilas und sorgen für eine dicke Abgaswolke über der Stadt.

Einmal wurde ein Freund von Larry erstochen und starb neben ihm, während Larry ahnungslos daneben schlief.

Tagsüber verkaufte er Zeitungen und Zigaretten und wusch Jeepneys. Er begann mit seiner Arbeit schon früh morgens vor der Schule, und nach dem Unterricht ging es weiter bis spät in die Nacht. So konnte er ein bißchen Geld für seine Familie verdienen und ein bißchen für sich selbst behalten.

Als er sieben war, besuchte er einen Kindergottesdienst, wo er hörte, daß Jesus die Straßenkinder liebt. Larry betete, daß er diesen Gott kennenlernen wolle, der ihm seine Freundschaft anbot. Aber die Wut in seinem Inneren blieb unverändert.

»Ich versuchte es mit Drogen, habe Klebstoff und Lösungsmittel geschnüffelt und Alkohol getrunken. Ich schloß mich den schlechten Jungs in meiner Gegend an. Alles was ich tat, hatte das Ziel, diese Bitterkeit loszuwerden, die mich innerlich vergiftete. Aber nichts half. Ich wurde immer bitterer …«[218]

Als Larry elf Jahre alt war, besuchte er eine Ferienbibelschule. »Dort berührte der Heilige Geist mich«, erzählte er weiter, »und ich konnte meinem Vater vergeben und ihn richtig liebhaben.« Seit diesem Tag weiß Larry, daß er ein anderer Mensch ist.

Danach durchlief er eine Ausbildung zum Pastor, und nun geht Larry regelmäßig auf die Straßen zu den Kindern, die heute so leben, wie er es früher getan hat, und er erzählt ihnen von der Liebe Gottes.

Jorge

Seine Jahre im Großstadtdschungel erwiesen sich im nachhinein als eine Art von Lehrzeit für das neue Leben, das Jorge heute im richtigen, grünen Dschungel führt.

Seit er dem Leben mit seiner Straßenbande den Rücken kehrte, hat der junge Brasilianer die überfüllten Straßen von Belo Horizonte eingetauscht gegen das dichte Unterholz des Regenwaldes im Amazonasgebiet.

Mit fünf Jahren war er aus seinem von Gewalt geprägten Elternhaus weggelaufen. Bald fand er andere Straßenkinder und verband sich mit ihnen. Zusammen mit seiner neuen Clique bettelte er oder bestahl Passanten. Gegen die schmerzliche Einsamkeit schnüffelten sie Klebstoff.

Es gab viele gewalttätige Auseinandersetzungen. Einmal war er dabei, als Mitglieder einer feindlichen Straßenbande verbrannt wurden.

Ein anderes Mal war er vom Schnüffeln so berauscht, daß er seine Hand in einen Ventilator hielt und dabei einen Finger verlor.

Nachdem er sieben Jahre auf der Straße gelebt hatte, schien es nur noch eine Frage der Zeit zu sein, bis er eine weitere Nummer in der Todesstatistik wäre.

Zu der Zeit kam er zum ersten Mal in Kontakt mit einer Gruppe, die einen Treffpunkt für Straßenkinder leitete. Sie hatten ein Haus, in das man tagsüber kommen konnte, um zu duschen, etwas Warmes zu essen und fernzusehen. Nach ein paar Stunden dort in dem Haus zogen sich die Kinder dann wieder zurück in das ihnen vertraute Leben auf den Straßen.

Als Jorge öfter in dieses Haus kam, erreichten die Worte der Mitarbeiter von *Jugend mit einer Mission* sein Herz. Es gab im Leben noch mehr als das, was er kannte. Gott liebte ihn, sorgte sich um ihn und konnte ihm helfen, anders zu werden.

Jorge beschloß, eine Rehabilitation zu versuchen, aber es war nicht leicht. Es gab so viele Regeln, die man halten sollte, immer wurde Gott betont, außerdem sollte jeder auch Verantwortung übernehmen. Das war ziemlich erdrückend für ihn.

Eine Zeitlang versuchte er, sich allem unterzuordnen. Aber dann wurde es ihm doch zuviel, und er landete wieder auf der Straße. Aber kaum war er dort, war ihm auch schon bewußt, wie hart das Leben und der Tod dort sind.

Nach mehreren gescheiterten Versuchen war er soweit, daß er ganze Sache machen wollte. Mit siebzehn ging er wieder zu dem Haus von *Jugend mit einer Mission,* und er bat um eine letzte Chance, ein neues Leben anzufangen. Die Leute dort waren einverstanden. Und dieses Mal schaffte Jorge es.

Als er dann die Rehabilitation komplett durchlaufen hatte, beschloß er, eine weitere Ausbildung zu besuchen. Denn Gott hatte ihn berufen, einem Indianerstamm im Amazonas das Evangelium zu bringen. So ließ er sich von *Jugend mit einer Mission* auf diese Aufgabe vorbereiten.

»Ich weiß, daß Gott mich von der Straße geholt hat, um zu diesen Menschen zu gehen«, sagte er, als er sich mit seiner Ehefrau und einem weiteren Mitarbeiter auf den Weg in den Dschungel machte.

Vieles von dem, was er in den harten Jahren auf der Straße gelernt hatte, kam ihm und seinem Team jetzt zugute, als sie Malaria hatten und sich irgendwie im Urwald ernähren mußten, während sie den verborgenen Rimariman-Indianerstamm suchten.

Die Familie Lukasse und ihr Team zu Hause in Belo Horizonte beten für diese frischgebackenen Missionare. »Angesichts all der verzweifelten, kaputten Kinder, die wir sehen, ist es um so schöner, auch so eine tiefgreifende Veränderung eines ehemaligen Straßenkindes erleben zu können. Es bestätigt uns, daß Gott diese Kinder liebt und für jedes einen Plan hat, wie es Gott dienen kann.«

Jennifer

Wenn man Jorge die Hand schüttelt, sieht man sofort in seinem Gesicht die Narben, die das Leben auf der Straße zurückgelassen hat und die erst allmählich heilen werden. Aber nicht immer sind die Spuren des gelebten Lebens so offensichtlich.

Während sie in einem Café in der modischen Einkaufsgegend Manilas sitzt, könnte man meinen, Jennifer sei eine lebendig gewordene Schaufensterpuppe, so attraktiv und gut gekleidet sieht sie aus. Sie ist dunkelhaarig, jung und wirkt nicht so, als ob sie jemals irgend etwas mit den verruchten Straßen in einem ganz anderen Stadtteil zu tun gehabt hätte. Und doch erzählte sie dann, wie diese heimatlosen Jahre, die nun schon ein Stück weit zurückliegen, doch immer noch ein wichtiger Teil von ihr sind.

Zusammen mit ihrer Mutter, die sich für ein paar Mark verkaufte, lebte Jennifer fast vier Jahre lang auf der Straße. Während die Mutter »arbeitete«, schlief das kleine Mädchen unruhig neben ihr.

Manchmal schickte ihre Mutter sie auch zum Betteln. Ihr zartes, kindliches Gesicht weckte das Mitleid der Passanten, vor allem in den von Touristen vielbesuchten Straßen. Oder sie mußte in den reichen Wohngegenden von Haus zu Haus gehen.

Aber es klappte nicht immer. »Es gab Tage, da bekamen wir überhaupt nichts. Wir wurden den ganzen Tag lang abgewiesen, und es blieb uns nichts anderes übrig, als am Abend auf der Straße nach weggeworfenem Essen zu suchen«, erinnerte sie sich.

Sie schliefen »einfach überall«, und auch jetzt noch, wenn sie durch die Stadt fährt, entdeckt sie immer wieder vertraute Ecken und Nischen, wo sie sich damals aufgehalten hatte.

Besonders gern schliefen sie in leerstehenden Häusern. Die waren warm und trocken. Wenn sie sich in der Nähe einer Kirche niederließen, hatten sie auch mehr Ruhe vor der Polizei.

Als aber ihre Mutter wieder schwanger wurde, verschlechterte sich Jennifers Lage. Obwohl Jennifer ihr sehr nahe stand, wurde ihre Mutter plötzlich sehr launisch, war in einem Moment zärtlich, dann wieder wütend und schlug sie ohne Grund.

Dann ging ihre Mutter in ein Krankenhaus und brachte das Kind zur Welt, und Jennifer wurde in ein christliches Kinderheim gebracht. Sie hatte die ganzen Jahre auf der Straße überlebt, ohne Schaden zu nehmen. Aber dort im Heim wurde sie von einem anderen Kind mißbraucht.

Ihre Lage verschlechterte sich noch, als eine amerikanische Missionarsfamilie sich für sie zu interessieren begann und sie besuchte. Die Amerikaner brachten ihr Geschenke, und nach dem Besuch nahmen ihr die anderen Kinder alles wieder weg.

Aber obwohl in Jennifers Seele alles durcheinanderging, faßte sie doch Vertrauen zu der netten Familie und deren Kindern, und schließlich zog sie zu ihnen. Sie wurde adoptiert und flog mit ihrer neuen Familie nach England und den USA, um dort die notwendigen Formalitäten zu erledigen. Dann kehrten sie auf die Philippinen zurück.

Obwohl sie als Siebenjährige gebetet hatte und Christ sein wollte, war sie später, in ihren Teenagerjahren, sehr durcheinander und rebellisch.

Sie sah anders aus als die übrige Familie, und viele Leute fragten sehr direkt nach ihrer Herkunft.

»Ich war voller Rebellion, aber das war vor allem innerlich. Die anderen Menschen haben es nicht so leicht gesehen. Äußerlich sah ich glücklich aus und ich war auch beliebt, aber niemand wußte etwas über meine Vergangenheit, die innerlich an mir nagte.«

»Einmal besuchten wir eine andere Gemeinde. Dort war eine Jugendgruppe, ich wurde gefragt, warum ich adoptiert worden war, und ich versuchte, es ihnen zu erklären. Aber dann wußten sie alle nicht mehr, was sie sagen sollten ...«

Jedermann bewunderte ihre Eltern dafür, daß sie Jennifer aufgenommen hatten, was auch nicht dazu beitrug, ihre Seele zu heilen. Sie fühlte sich schließlich schuldig, weil sie nicht dankbar dafür sein konnte. »So habe ich mich zunächst distanziert von der Familie, und später mußte ich dann erst wieder lernen, mich zu integrieren.«

Mit zwanzig kam sie in der Schule gut zurecht und fand zu ihrem Glauben zurück. Jennifer konnte ihre Vergangenheit innerlich verarbeiten und wurde fähig, ihre Erfahrungen anderen mitzuteilen und Menschen, die in ähnlichen Situationen sind, zu helfen.

»Lange Zeit war es mir so gegangen, daß ich den Anblick von Bettlern und Leuten, die auf der Straße lebten, überhaupt nicht ertragen konnte. Aber dann bekam ich Barmherzigkeit für sie. Ich schloß mich einem Team an, das unter Leuten auf der Straße arbeitet und erzählte Straßenkindern, was ich mit Gott erlebt habe.«

Sie wurde auch fähig, bei einem christlichen Film über Straßenkinder als Beraterin mitzuarbeiten und aufgrund ihrer eigenen Erfahrungen dazu beizutragen, daß das Leben auf der Straße mit allen Nöten und Ängsten den christlichen Gemeinden und Familien auf realistische Weise nahegebracht werden konnte.

Lange Zeit hatte sie sich gewünscht, ein »anderes Leben gehabt zu haben«. Aber schließlich gab sie diesen Gedanken auf. »Gott hat das Beste aus meinem Leben gemacht, auch wenn ich viele der Dinge, die geschehen sind, nicht verstehe – ich muß sie so stehen lassen und einfach weitergehen.«

Marlon

Genauso wie Jennifer sagt auch Marlon, daß die »Schmerzen und das Leid, die sein Herz geprägt haben, allmählich nachlassen«, während er als Christ vorangeht.[219]

Der junge Mann, der immer ein Lächeln auf dem Gesicht hat, geht oft in die Straßen zurück und erzählt dort von der Liebe Gottes, genau an den Orten, die ihn fast das Leben gekostet hätten.

Er kam mit acht Jahren in Manila an und war ganz allein. Hinter ihm lag eine unglückliche Kindheit. Zuletzt hatte sein Stiefvater im Rausch versucht, ihn zu erstechen.

Damals war er noch so jung und gutgläubig. Als ein freundlicher Mann ihn ansprach und ihm Hilfe anbot, dachte er, jetzt würde alles gut werden. Der Ausländer nahm ihn mit in sein Hotelzimmer und belästigte ihn sexuell. Als er nach dieser Erfahrung wieder auf der Straße war, fing er an, Drogen zu nehmen, um diesen Schmerz zu vergessen. Bald war er regelmäßiger Konsument und fing an, als jugendlicher Zuhälter zu arbeiten. Er verkaufte junge Mädchen an Touristen und versuchte so, seine Sucht zu finanzieren.

Er wurde verhaftet und in ein Jugend-Rehabilitations-Zentrum geschickt. Sechs Monate später war er wieder frei, aber er war schlauer und härter geworden. Damals war er zwölf Jahre alt, und er war bereit, sich einer kriminellen Gruppe anzuschließen. Sie handelten mit Drogen, verübten Diebstähle und bewaffnete Raubüberfälle.

Es ging nicht lange, bis sie so bekannt waren, daß sie zum Ziel einer Hinrichtungstruppe wurden. Sie sollten »geborgen« werden, so lautete der dort übliche Fachausdruck für dieses Verfahren. Zusammen mit zwei anderen Freunden wurde Marlon verhaftet.

Sie wurden zu einem abgelegenen Platz in der Stadt gebracht, weit entfernt von möglichen Zeugen. Dort mußte der Junge in absoluter Panik mitansehen, wie die Polizisten seinen beiden Freunden die Augen herausstachen und dann ihre Körper mit Kugeln durchsiebten.[220]

Dann wandten sie sich Marlon zu und schlugen mit einem Gewehrkolben auf ihn ein, legten ihm Handschellen an und fesselten ihn an die Rückseite ihres Fahrzeugs. Es sah so aus, als wäre er in wenigen Augenblicken tot. Aber irgendwie gelang es ihm, sich zu befreien und zu fliehen, während die Kugeln hinter ihm herpfiffen.

Einige Zeit später traf er auf der Straße eine Gruppe von Menschen, die anders aussahen. Sie waren von der Organisation »Christus für den Großraum Manila«, einer Gruppe von Christen, die zu den Straßenkindern gehen und ihnen von Jesus erzählen.

Marlon nahm die Botschaft, die er hörte, an und zog in das Entzugshaus der Gruppe. Aber die Umstellung war schwer. Fünfzehn Mal rannte er weg. Dann endlich stand seine Entscheidung fest, jetzt mit Jesus ernst zu machen und seine Rehabilitation durchzuziehen.

Nachdem er zwei Jahre im Rehabilitationszentrum der Gruppe außerhalb Manilas gelebt hatte, ging er wieder zur Schule und wurde ein zuverlässiger, freiwilliger Mitarbeiter bei den evangelistischen Einsätzen der Gruppe und bei Camps für Straßenkinder. Seither erzählt er immer, was er mit Gott erlebt hat und benutzt seine eigene Geschichte, um deutlich zu machen, wie grundlegend Gott jeden Menschen, der es will, verändern kann.

Tono und Pradip

Wenn Marlon und mit ihm viele andere von ihrer grausamen Vergangenheit mit all den schrecklichen Details berichten und dann fortfahren zu erzählen, wie sie jetzt ein neues Herz bekommen haben und noch einmal neu anfangen konnten, dann ist das so überzeugend, daß niemand es wagen würde, ihre Geschichte als »Märchen« abzutun. Ihre Lebensberichte sind ein unwiderlegbarer Beweis dafür, daß Gott fähig ist, auch die hoffnungslosesten und verlorensten Kids zu retten.

Wie zum Beispiel Tono. Man sieht immer noch die Narbe in seinem Gesicht, die ihm ein anderer Straßenjunge beigebracht hat. Aber wenn man sein Foto sieht, fällt sein herzliches, warmes Lächeln viel mehr auf als diese Entstellung.

Nachdem er damals verletzt worden war, kamen ziemlich schnell die Mitarbeiter der »ACTION«-Mission vorbei und leisteten ihm Erste Hilfe. Sie achteten darauf, daß er medizinisch gut versorgt wurde. Das war in Bogotá.

Ihm hatte das Leben auf der Straße mit all dem Schmutz und den Gefahren eigentlich nie gefallen. Als er jetzt eine Möglichkeit bekam, von vorne anzufangen, griff er zu. Jetzt lebt er in einer christlichen Familie, und aus einem »schmutzigen, zerlumpten, harten, Klebstoffschnüffelnden Straßenjungen ... ist ein sauberer, wißbegieriger, entspannter, freundlicher und höflicher junger Mann geworden.«[221]

Wenn Pradip von seinen sechs schlimmen Jahren am Howrah-Bahnhof spricht, dann kommt es ihm selbst so vor, als würde er von einem weit zurückliegenden Alptraum erzählen. Jetzt besucht er die Schule eines christlichen Waisenheimes.

»Es gibt so viele Jungen auf der Straße, warum hat Gott mich auserwählt? Ich möchte Pastor werden und einigen meiner Brüder dort am Bahnhof helfen. Man darf nicht vergessen, woher man kommt, um immer dankbar zu sein für das, was die Gnade Gottes bewirkt hat.«

Kapitel 12

Das große Tauziehen

»Ich träume so viel vom Himmel, von den Engeln und freundlichen Gesichtern, die ich nie sehen kann, wenn ich wach bin.«

Oliver Twist, 5. Kapitel, Seite 30

Es sollte uns nicht zu sehr überraschen, wenn Gott einen Roman benutzt, um sein Volk auf ein paar vergessene Wahrheiten aufmerksam zu machen.

Schließlich ist sein Wort voll von Berichten, wie er beim Bau seines Reiches etwas aus Teilen entstehen läßt, die eigentlich entgegengesetzt sind. Eine Jungfrau bringt ein Kind zur Welt. Schwerter werden zu Pflugscharen. Die letzten werden die ersten sein.

So ist es vielleicht auch verständlich, warum ein ganz gewöhnlicher Roman, der über Engel und Dämonen und ihren Kampf um die Menschen in einer amerikanischen Kleinstadt berichtet, mehr auslösen kann, als viele »ernsthafte« Bücher, die sich theologisch mit dem Thema »geistliche Kriegsführung« auseinandersetzen. Dieser Roman hat zu einer neuen Entdeckung der Bedeutung des geistlichen Kampfes geführt.

Die beiden Romane »Die Finsternis dieser Welt« und »Licht in der Finsternis« von Frank Peretti sind vielleicht nicht bis ins letzte Detail theologisch korrekt, aber sie haben die Herzen und Gedanken vieler Christen bewegt und sie zu einer neuen Sicht geistlicher Realitäten geführt.

In allen Denominationen und in allen Ländern wurde in den Gemeinden die Bedeutung des geistlichen Krieges, von dem die Bibel sagt, daß er überall um uns herum tobt, mit neuer Ernsthaftigkeit behandelt.

Es gibt immer noch verschiedene Ansichten, wie man im einzelnen nun vorzugehen hat, aber im großen und ganzen hat die Christenheit neu ihre Verantwortung entdeckt, in der sie umgebenden unsichtbaren Welt aktiv und effektiv zu sein, und sie fängt an, diesen Auftrag wieder wahrzunehmen.

Möglicherweise ist in dem Roman von Oliver Twist ein ähnlicher Hintergrund enthalten. Im Vordergrund des Buches steht natürlich das Thema des Kindes, dem verweigert werden soll, was ihm rechtmäßig zusteht. Mit diesem Ansatz wurde Oliver Twist zum Auslöser der Forschungen, die zu dem vorliegenden Buch geführt haben. Aber man kann in dem Roman noch mehr entdecken.

Ein Gesicht im Fenster

Wenn man sich intensiver mit dem Werk von Charles Dickens auseinandersetzt, fällt auf, daß der Plan, dem kleinen Oliver sein Erbe zu rauben, von zwei Personen ausgeheckt worden war, die das Erbe unter sich aufteilen wollten. Der eine war der Chef aller Straßenkinder, Fagin, der auch mit den Namen »der Jude« und »der lustige, alte Herr« bezeichnet wird, der andere ist Monks, der schurkische Halbbruder von Oliver.

Nachdem Oliver viele Abenteuer mit Artful Dodger und anderen Gesellen durchstanden hat, bekommt die Prostituierte Nancy Mitleid mit ihm und trägt dazu bei, daß der Junge von Fagin fliehen kann und in ein sicheres, reiches Haus kommt.

Später nehmen ihn diese lieben, reichen Leute mit aufs Land, wo er weit entfernt von seinem früheren Straßenmilieu lebt. Aber eines Abends, als er am offenen Fenster döst, ereignet sich folgendes:

> *»Da änderte sich plötzlich die Szene, die Luft wurde heiß und drückend, und er glaubte, wieder im Haus des alten Fagin zu sein. Da saß der schreckliche alte Mann in dem Winkel, in dem er immer gesessen hatte, zeigte mit dem Finger auf ihn und flüsterte einem anderen Mann, der das Gesicht abgewendet hatte, etwas zu.«*
>
> *»›Pst! Mein Lieber‹, glaubte er den Alten sagen zu hören; ›er ist's. Ohne Zweifel, er ist's. Gehen wir‹«.*[222]

Oliver war abrupt hellwach geworden.

»Das Herz blieb ihm stehen: Dort – am Fenster – nur zwei Schritte von ihm entfernt, stand Fagin, und ihre Blicke begegneten einander.«[223]

Alarmiert von Olivers Schreien eilten alle Bewohner des Hauses zu ihm und rannten dann in den Garten, aber sie konnten suchen, wie sie auch wollten, es gab keine Spur von den beiden Männern.

»Jedes Suchen war vergeblich. Sie entdeckten nicht einmal frische Fußspuren ... ›Du mußt geträumt haben‹, sagte Harry zu Oliver. ›Nein, sicher nicht!‹ antwortete er. ›Ich sah beide so deutlich, wie ich Sie jetzt vor mir sehe!‹«[224]

Diese scheinbar seltsame Szene wird noch interessanter durch die Kommentare des Klassik-Interpreten Angus Wilson, der schreibt:

»Es sind einige übernatürliche Elemente in dem Charakter des teuflischen Fagin enthalten. Dazu paßt auch, daß er keine Fußspuren hinterließ, als er Oliver in seinem Landhaus besuchte und durchs Fenster sah. Auch Monks hat etwas Phantomartiges in seinem Charakter.«[225]

Fagin wird der »lustige, alte Herr« genannt, diese Bezeichnung bezieht sich für gewöhnlich auf den Teufel. Wilson beobachtet, daß Fagin in sich drei Gegensätze vereinigt: »Übernatürliches, extremen Realismus und makaberen Humor«. Und er beschreibt einen Anteil in Fagins Charakter als »das Böse, das andere in seinen Bann zieht«.

Darüber hinaus enthält die Figur des Fagin »den Humor und Spaß eines verbrecherischen Lebens, aber im Gegensatz zu dem harten Dodgers, der im Londoner Cockney-Dialekt spricht, ist Fagins Humor durch und durch schrecklich, seine Spiele haben zum Ziel, die Jungen zum Bösen zu erziehen ...«[226]

Wilson schreibt weiter, daß Fagins Erscheinung am Fenster einem Alptraum gleichkommt, der unentrinnbar ist. Ein Netz von Verfolgung und Angst möchte sich um Oliver legen und ihm das Gefühl der Hoffnungslosigkeit und des Ausgeliefertseins aufdrängen. Und er schließt daraus: »Fagin ist tatsächlich der ›lustige, alte Herr‹, er ist der Teufel. Neben ihm wirkt die sprunghaft auftauchende Gestalt von Monks wie ein schwacher Hilfsdämon.«[227]

Diese Kommentare sind interessant, aber sie sind literarischer Natur, sie sind nicht theologisch. Und doch erhalten sie noch zusätzliche Bedeutung, wenn wir das Rehabilitationszentrum besuchen, das Familie Lukasse leitet.

Johan kann viel erzählen über die Kämpfe der Straßenkinder, die aus ihrem alten Leben aussteigen wollen. Da gibt es eine nie enden wollende Serie von Höhen und Tiefen, es geht zwei Schritte vor und drei zurück. In einem Moment wollen sie die Straße unbedingt verlassen, im nächsten Augenblick genießen sie wieder ihre wilde Freiheit in vollen Zügen. Zumindest behaupten sie das.

»Es braucht viel Geduld, um diese Kinder zu erreichen«, ist seine langjährige Erfahrung. »Aber eine Sache ist mir sehr deutlich geworden: Es wird ein heftiger geistlicher Kampf um diese jungen Menschen gekämpft. Sie sind wirklich an die Straße gebunden.«

Bewegt redet er weiter: »Über die Jahre habe ich das oft und oft beobachtet. Immer wieder haben mir die Kinder die gleiche Geschichte erzählt, und auch die Mitarbeiter bekommen sie immer wieder zu hören ...«

»Nachdem die Kinder eine gewisse Zeit bei uns gelebt haben, kommt eine Situation, so berichten sie uns, da erscheint ihnen plötzlich eine Gestalt, vor dem Fenster, winkt mit der Hand und sagt: ›Komm, komm mit ...‹ Jemand fordert die Kinder auf, wieder zurück auf die Straße zu gehen.«

»Mit einigen Mitarbeitern hier bin ich zu dem Schluß gekommen, daß dies wirklich die Manifestation eines bösen Geistes ist, der die Kinder auf die Straße zurückruft. Ich habe diese Geschichte von zu vielen Kindern gehört, als daß es Zufall sein könnte. Ich persönlich bin absolut überzeugt davon.«

»Meistens scheint es eine nette, hellhäutige Gestalt zu sein – in Brasilien bedeutet das Würde und eine gute soziale Stellung – oder jemand, der weiß gekleidet ist. Einer der Jungen, den wir gestern mit zum Gottesdienst genommen haben, erzählte, daß er dort eine solche Begegnung gehabt hätte.«

»Ich bin mir absolut sicher, daß es sich um geistliche Bindungen der Kinder handelt, die von ihrem Leben auf der Straße mit Dieb-

stahl, Prostitution und Drogen herrühren. Wir glauben, daß es eine zerstörerische Kraft gibt, die sich gegen diese ganze Generation hier gerichtet hat.«

Diese Sichtweise teilen viele andere Christen, die unter Straßenkindern arbeiten. Für John und Sarah de Carvalho ist klar:

»Es steht außer Frage, daß diese Kinder nicht nur körperliche und emotionale Hilfe brauchen, sondern sie brauchen auch geistliche Befreiung.«

»Nur durch die Kraft des Namens Jesu ist es möglich, daß Haß und Gewalt durch Gottes bedingungslose Liebe ersetzt wird. Wir beide haben das mit eigenen Augen bei vielen Straßenkindern beobachten dürfen.«

»Viele von ihnen leben in den allerschlimmsten Situationen. Ihre Eltern sind vielleicht Alkoholiker, oder sie leben in einer Familie, die ihnen keine Liebe geben kann, vielleicht werden sie auch mißbraucht. Auf der Straße suchen sie nach Freiheit von all dem.«

»Aber die Freiheit, die sie dort finden, ist eine Täuschung. In der Bibel wird der Feind beschrieben als jemand, der kommt, um zu töten, zu zerstören und zu stehlen, und genau so arbeitet Satan an diesen Kindern.«

»Es dauert einige Zeit, bis sie körperlich und seelisch heil werden.«

Edmeia Williams arbeitet in den Slums von Brasilien unter Straßenkindern. Auch sie ist der Meinung, daß all die praktische Hilfe, die notwendig ist, nicht ausreicht, um die Jugendlichen zu verändern. Die wichtigste Hilfe, die wir ihnen geben können und die zu einer wirklichen Veränderung in ihrem Inneren führt, ist das Gebet.

»Die Frau eines Regierungsministers hat drei Heime eröffnet, aber nachts gehen die Mädchen weg und prostituieren sich auf der Straße«, erzählte sie.[228]

»Aber die christlichen Kinder gehen nicht zurück zu dem Leben in Drogen, Okkultismus und Prostitution. Darin liegt der große Unterschied zwischen den verschiedenen Arbeiten unter Straßenkindern.«

Nur mit Jesus Christus kann man wirklich frei und heil werden.

Geistlicher Kampf in Kalkutta

Premila Pavamani und ihr Mann Vijayan leiten eine Schule und ein Waisenheim für Straßenkinder in Kalkutta. Der Name der Stadt kommt von der hinduistischen Göttin der Zerstörung, der in zahllosen Schreinen regelmäßig Blutopfer gebracht werden.

Nach jahrelanger Arbeit dort haben sie festgestellt, daß neben der praktischen Hilfe für die Kinder Gebet die entscheidende, zentrale Kraft ihrer Arbeit ist.

»Es reicht nie aus, ihnen einfach nur zu helfen«, sagt diese offensichtlich unermüdliche Schuldirektorin, Lehrerin, Seelsorgerin und Freundin der Kinder.

> *»Diese Kinder von den Straßen sind alle so verletzt von so vielen Menschen und Situationen, daß sie ohne Jesus, der sie heilen kann, nie glückliche Erwachsene werden können.«*
>
> *»Wir reden mit ihnen nicht über die Einzelheiten der Verletzungen, die sie in ihrem Leben erlitten haben, denn wir befürchten, daß ihnen damit viele Dinge nur noch bewußter werden würden, sondern wir beten und vertrauen Gott, daß er sie führt und alle ihre Tränen abwischt.«*
>
> *»Es gehen so viele von ihnen zurück auf die Straße – das ist eine Abhängigkeit wie bei Drogen. Diese Bindungen müssen gebrochen werden.«*

Vijayan glaubt, daß »christliche Jüngerschaft ... mit die wichtigste Rehabilitationsform ist: »Die Waffe des Gebetes hat auch in solchen Fällen viel bewirkt, wo die besten Methoden erfolglos blieben.«[229]

Geistlicher Kampf in Südamerika

Der Forscher Patrick McDonald legte eine Strecke von über 9 000 Kilometern zurück und besuchte verschiedene Projekte in siebzehn Städten. Dabei fiel ihm die besondere Kraft des Evangeliums auf, die tatsächlich die Straßenkinder erreichen kann.

Er war sprachlos, als er den Unterschied im Erfolg der christlichen und der anderen Organisationen sah.[230]

»Während die nichtchristlichen, humanistischen Projekte von gut ausgebildetem Personal geleitet werden und oft auch genug Finanzen haben, werden im Gegensatz dazu die christlichen Arbeiten meistens von Amateuren geleitet.«

»Und doch sind die Resultate der Christen so auffallend viel besser, daß man daraus bestimmte Schlüsse ziehen muß«, stellte er fest und bezog sich auf eine bestimmte Arbeit in San Salvador, wo nach zehnjähriger Arbeit nur zwei Kinder das Leben auf der Straße aufgegeben haben.

»Die Probleme, die viele der Kinder haben, die auf der Straße leben, erfordern Antworten, die nur Menschen geben können, die mit der Wahrheit des Evangeliums vertraut sind.«

Geistlicher Kampf in Bombay

Das feudale *Taj Mahal*-Hotel in Bombay liegt entlang der historischen Pforte Indiens, es ist ein »modernes Reich des Maharadschas« mit seinem verschwenderischen Reichtum, wo eine Luxus-Präsidenten-Suite ohne weiteres 1 300,- DM pro Nacht kosten kann.

Wenn man von dort aus über die Straße und um die Ecke geht, ist man schon am Anfang des Rotlichtbezirkes, wo Frauen und junge Mädchen sich für weniger als den Preis einer Tube Zahnpasta verkaufen.

An der Ecke zwischen dem Hotel und den Straßen, wo käuflicher Sex angeboten wird, liegt die methodistische Kirche *Bowen Memorial,* die hundert Jahre alt ist. Hier versammelt Ivan Raskino jeden Sonntag abend so viele Straßenfamilien wie nur möglich und erzählt ihnen von Jesus.

Früher war er Seemann und dann Geschäftsmann, jetzt ist er Pastor einer Gemeinde in einem anderen Teil der Stadt, deren Mitglieder aus der Mittelschicht kommen. Jede Woche bringt er Leute aus seiner Gemeinde mit, die ihm bei der Arbeit mit den Menschen auf der Straße helfen. Auf den Stufen der methodistischen Kirche halten sie einen kurzen Gottesdienst im Freien, dann laden sie alle Interessierten ins Innere der Gemeinde ein.

In dieser Gegend können die Straßenkinder sehr gut als Taschendiebe leben, weil es hier so viele reiche Touristen gibt. Einige der Kinder haben sogar ein paar Brocken in Italienisch und Französisch gelernt, dafür bekommen sie ein paar Pfennige mehr von den Passanten, die sie anbetteln.

Im Vergleich zu den vielen Tausend Kindern, die in anderen Teilen der großen Stadt um ihr Überleben kämpfen, geht es den Straßenkindern in dieser Gegend gut. Aber Ivan Raskino spricht trotzdem davon, daß hier finstere geistliche Mächte am Wirken sind, die man nicht ignorieren kann.

»Wie wirkt das auf ein Kind, wenn es mitansehen muß, wie seine Mutter von einem Polizisten sexuell belästigt wird oder wenn sie vergewaltigt wird? Wie reagiert ein Kind darauf, wenn es miterlebt, wie sein Vater zusammengeschlagen wird? Nur durch die Kraft Gottes kann man solche Erfahrungen überwinden. Er muß das gebrochene Herz heilen.«

»Ich habe lange über diese Dinge gebetet und ich denke, ich fange jetzt an, die geistlichen Kräfte zu erkennen, die hier am Werk sind. Mir scheint, es ist ein Geist der Gesetzlosigkeit und ein Geist der Hoffnungslosigkeit, die hier aktiv sind. Ich denke, sie sind der Schlüssel, denn sie gehen so vor, daß sie den Menschen entwürdigen. Das ist genau das Ziel des Feindes: Er möchte den Menschen, den Gott zu seinem Bild geschaffen hat, in den Staub drücken.«

Geistlicher Kampf in Manila

Als einigen Missionaren in Manila bewußt wurde, welche geistliche Dynamik hinter ihrer Arbeit steckt, haben sie die jungen Leute in einer genauen Untersuchung nach ihren Erfahrungen mit dem Übernatürlichen befragt.

Viele der Befragten erzählten von »seltsamen und unerklärlichen Erscheinungen«, sie haben von Dämonen und »Malignos« gehört oder auch selbst welche gesehen. Mit »Maligno« meinen die Philippinen böse Geister, Gespenster oder »weiße Damen«, alle möglichen Formen von auf den Philippinen häufig beschriebenen Erscheinungen.[231] Vor diesen Personen haben die Straßenkinder nach ihren eigenen Angaben mindestens so viel Angst wie vor den sichtbaren Gefahren, die ihnen von Betrunkenen, Drogenabhängigen und der Polizei drohen.

»Die Anwesenheit der Geistheiler sowie die verschiedenen Erscheinungen, die von den Befragten beschrieben wurden, sind ein Hinweis darauf, daß dämonische Aktivitäten, Personen und Kräfte in dieser Gegend ihre Kontrolle ausüben und den Bereich (in dem die Straßenkinder leben), kontrollieren wollen«, folgert der Bericht.[232]

»Territoriale Mächte werden nicht ausdrücklich erwähnt, aber die Art und Weise, wie die Kinder und ihre Familien von einigen unsichtbaren geistlichen Kräften unterdrückt und gequält werden, sind genug Beweis für die dämonische Präsenz in dieser Gegend.«

Die Unwissenheit der Straßenkinder in bezug auf Gott und Jesus Christus wird »noch verstärkt durch die Herrschaft der geistlichen Mächte und der Geistheiler«, fährt der Bericht fort. »Für Christen, die Straßenkindern dienen, ist der geistliche Kampf keine Einbildung, sondern greifbare Realität.« Wenn Ortsgemeinden sich vornehmen, Straßenkinder zu erreichen, sollten sie »um die Existenz und Realität von Dämonen und der ganzen geistlichen Welt« wissen, schrieben die Autoren.

Ein begleitender Bericht, der aufgrund von Erfahrungen mit jungen Leuten angefertigt wurde, die ein Rehabilitationsprogramm durchlaufen haben, warnte davor, daß die Mitarbeiter es sich »nicht erlauben können, die Bedeutung von Gebet und geistlicher Kampfführung herunterzuspielen oder zu vernachlässigen«. Sie drängten:

»Es ist notwendig, daß man regelmäßige Gebetszeiten hat, in denen auch ›geistlicher Kampf‹ geführt wird, und das Ganze muß mit Fasten verstärkt werden. Die bösen Geister und Einflüsse, die von den Straßen in ein Heim mitgebracht werden, machen eine regelmäßige ›Reinigung der Atmosphäre‹ in der Kraft des Heiligen Geistes notwendig.«

»Aber wie in allen Dingen ist es auch hier notwendig, ausgeglichen zu sein. Nicht jede Äußerung und nicht jedes Verhalten der Kinder, das gegen Gott oder gegen die Gesellschaft gerichtet ist, darf man als ein Handeln unter dämonischem Einfluß einstufen. Die wichtigsten Begriffe sind Mäßigkeit, Unterscheidungsfähigkeit, Ausgewogenheit und Vorsicht ...«

»Jede Arbeit für Gott, die dem Reich der Finsternis Menschen entreißt, muß damit rechnen, auch von diesem angegriffen zu werden.«[233]

Eine ganze Generation wird angegriffen

Bryant Myers von *World Vision* behauptet, daß die unsichtbaren Kräfte nicht nur auf der Straße wirksam sind, sondern daß sie auch Einfluß auf die Institutionen haben, die hinter einigen wirtschaftlichen und sozialen Faktoren stehen und dafür verantwortlich sind, daß Kinder von ihren Elternhäusern und Familien weglaufen und lieber auf der Straße leben.

Um das Problem der Straßenkinder erfolgreich angehen zu können, braucht es so grundlegender Veränderungen, die hervorzubringen die menschliche Gesellschaft einfach nicht in der Lage ist. »Solche tiefgreifenden Veränderungen kommen nicht durch neue Gesetze oder durch wirtschaftliche Anreize.«[234] Er fährt fort:

> *»Solche Veränderung kommt aus einer ganz anderen Quelle, einer Quelle, die auch Herzen aus Stein verändern kann mit der Kraft, die Dämonen aus ihrem Herrschaftsbereich katapultiert und sie aus den gemütlichen Büros und von den Marktplätzen vertreibt.«*

Seine Beobachtungen werden auch von dem Fachmann der Stadtmission, Roger Greenaway, bestätigt, der beides für notwendig hält: Ein Wirken Gottes auf den höchsten Entscheidungsebenen und auch im normalen Alltag auf der Straße.

> *»Diese Armee von verzweifelten Straßenkindern in den Städten der Welt sind ein Symptom von einer ganzen Kette von Problemen, die im sozialen und wirtschaftlichen Bereich liegen, die religiös und politisch sein können, die familiäre und persönliche Wurzeln haben«,* erläutert er weiter.[235]
>
> *»Wenn man die Kinder einsammelt und sie für eine gewisse Zeit vom Straßenbild entfernt, leistet man damit überhaupt keinen Beitrag zur Lösung des sich ausbreitenden Problems, das die Ursache dafür war, daß sie ihr Elternhaus verlassen haben.«*
>
> *»Ohne Frage müssen weitreichende und vielfach untereinander verknüpfte Lösungen gefunden werden, um das Leben in der Stadt auf allen Ebenen neu zu ordnen. Das ist das Thema der Stadtmission.«*

Dean Sherman ist seit einem Vierteljahrhundert ein angesehener Bibellehrer zum Thema der geistlichen Kampfführung. Er glaubt, daß Kinder das wichtigste Ziel Satans in seinem Kampf gegen Gott sind.

»In der ganzen Geschichte kann man mit Leichtigkeit bis heute feststellen, daß Satan eifersüchtig um Kinder kämpft und versucht, sie zu binden und zu zerstören«, sagt er.[236] Die Feindschaft zwischen Kindern und Satan ist besonders groß.

»Kinder sind jung und unschuldig, der ›Nachwuchs der Frau‹. Und Gott sagte nach dem Sündenfall, daß zwischen dem Nachwuchs der Frau und der Schlange Feindschaft sein wird.[237]

Kinder werden direkt von Satan angegriffen. Das war in den Zeiten des Alten Testaments bei den Feuern des Moloch so, als Eltern ihre neugeborenen Babys als lebendige Opfer auf die glühend roten Arme des Götzen legten, und es ist heute das gleiche, wenn Kinder durch Krieg, Abtreibung, Drogenabhängigkeit und Kinderpornographie vernichtet werden.[238]

Der neuseeländische Jugendfachmann und Bibellehrer Winkie Pratney sagt, daß man die Schlagzeilen, die von den wachsenden Zahlen der weggelaufenen und verlassenen Kinder auf den Straßen westlicher Städte sprechen, als Gradmesser für das Ausmaß der dämonischen Verschwörung gegen Kinder nehmen kann.

Zusätzlich zu dem Sterben unter Kindern, das durch Abtreibung und Selbstmord der Teenager geschieht, sieht er, wie neue Pläne gegen Kinder geschmiedet werden, so ähnlich wie damals, als Moses und später Jesus geboren wurden und ihretwegen alle Neugeborenen getötet wurden.[239]

Aber damals »verfehlten die Kampagnen ihr Ziel. Die Kinder, deretwegen das Morden stattfand, konnten in beiden Fällen entkommen. Und beide fügten dem Reich der Finsternis unermeßlichen Schaden zu«, schrieb er und schloß:

»Diese Generation, die so heftig umkämpft wird, ist sehr kostbar und wichtig ... Unter denen, die zu ihr gehören, können solche sein, durch die Gott große geistliche Durchbrüche schaffen wird. Möglicherweise sind unter ihnen künftige Leiter, die vom Schwert und von den Brandaltären des Moloch errettet wurden und die eine ganze Nation der Verlorenen, Verlassenen, Ungeliebten und Einsamen in das verheißene Land Gottes führen werden.«[240]

NACHWORT

Wege zu den Kindern

»(Wir wollen) entdecken, wer Olivers Eltern sind,
und ihm zu seiner Erbschaft verhelfen,
um die er ... schändlich betrogen wurde!«
Oliver Twist, 27. Kapitel, Seite 216-217

Wenn man die monatelange Arbeit bedenkt, die vielen Interviews und alle Forschungen, hätte es da nicht einen leichteren Weg gegeben, um dieses Thema anzugehen?

Ich hätte mich vielleicht auch auf ein Land beschränken können, auf eine Stadt und ein Therapiezentrum, und hätte dann einige der Geschichten der Kinder und der Mitarbeiter dieses Ortes erzählen können.

Aber dann wäre es zu einfach gewesen, das Buch zu lesen und wieder zur Seite zu legen und weiterzuleben wie zuvor. Denn dann hätte man sich so leicht damit entschuldigen können, daß das Ganze ja nur ein Problem von »dort« ist.

Ich hoffe, daß diese hinter Ihnen liegenden Seiten Sie statt dessen davon überzeugt haben, daß Straßenkinder ein weltweites Thema sind, das jedes Land betrifft.

Damit sind wir alle für die Lösung dieses Problems mitverantwortlich.

Hätte man nur eine einzige Geschichte ausgewählt, bestünde auch die Gefahr, daß das Ganze zu einem auf der Straße spielenden Groschenroman abqualifiziert worden wäre.

Außerdem habe ich versucht, dieses Buch auch nicht auf das Niveau einer Sammlung von Sensationsgeschichten sinken zu lassen. Ich habe einige schockierende Berichte bewußt weggelassen, denn das Ziel soll nicht sein, Mitleid zu wecken.

Mitleid ist ein menschliches Gefühl, das nur so weit geht, sich mit der eigenen Reaktion auf die Not zu beschäftigen, das sich aber nicht mit denen auseinandersetzt, um die es eigentlich geht. Mitleid bezieht sich mehr auf sich selbst als auf andere.

Meine Hoffnung ist vielmehr, daß diese kurze »Weltreise« ein einheitliches Bild schafft, in dem sich die weltweite Sicht mit den Einzelschicksalen verbindet und daraus Barmherzigkeit erwachsen läßt.

Barmherzigkeit ist Mitleid mit Füßen, sie besteht aus Gefühlen, die ein Ziel haben, auf das sie zugehen.

Im ersten Kapitel von Markus lesen wir über einen Leprakranken, der zu Jesus kommt und ihn um Heilung bittet.

Vers 41 sagte uns: »Erfüllt mit Barmherzigkeit, streckte Jesus die Hand aus, ...«[241]

Aber was können wir tun als Reaktion auf die Nöte von Millionen von Straßenkindern überall in der Welt?

Ich hoffe, daß Sie nicht nur auf die menschlichen Nöte, sondern auch auf die göttlichen Lösungen aufmerksam geworden sind.

Jeder von uns kann zur Verwirklichung dieser Lösungen beitragen.

Sie können ein Teil von Gottes Plan werden, der den Kindern ihr vorenthaltenes Erbe zurückgeben will, indem Sie:

- BETEN für die Straßenkinder in aller Welt.
  Vielleicht greifen Sie auch nur ein einzelnes Land heraus oder eine Stadt. Beten Sie auch für die Gruppen und Organisationen, die dort schon arbeiten.
- SPENDEN Sie an die Dienste, die unter Straßenkindern arbeiten, die entweder direkt mitanpacken oder die hinter den Kulissen als Fürsprecher der Kinder auftreten und Informationen sammeln, sortieren und weiterleiten. Manche tun auch beides. Kontaktadressen finden Sie am Ende des Buches.
- GEHEN Sie selbst, und machen Sie Ihre eigenen Erfahrungen. Vielleicht gibt es auch in Ihrer Stadt oder Region eine stadtmissionarische Arbeit, bei der Sie freiwillig mitarbeiten können. Es gibt auch einige ausländische Dienste, die sich über Kurzzeitmitarbeiter freuen. Durch eine solche Mitarbeit können Sie auch zu einem vollzeitigen Dienst berufen werden.

- ACHTEN Sie auf Nachrichten über Straßenkinder im Fernsehen und in der Zeitung. Schreiben Sie an geeignete Vertreter, Botschaften und andere Stellen, wo Sie Ihre Anliegen vortragen können. Machen Sie das alles nicht alleine. Bedenken Sie, daß man sich in einer Gruppe gegenseitig unterstützen und ermutigen kann. Bilden Sie in Ihrer Gemeinde oder Nachbarschaft eine Gruppe von Freunden, und bilden Sie eine Straßenkinder-Aktionsgruppe.

Gemeinsam könnten Sie:

- Ein Land, eine Stadt oder einen Dienst ADOPTIEREN und mit Gebet und Finanzen unterstützen.
- In Ihrer Gemeinde und Ihrem Umfeld AUFMERKSAM MACHEN auf Informationsveranstaltungen und Ausstellungen und Artikel an die lokalen Medien schicken.

Wenn man auf die Not reagieren will, heißt das auch, mit einigen Vorurteilen aufzuräumen. Ähnlich wie das Buch von Dickens romantisch verfälscht wurde, so geschieht es immer wieder, daß diese komplexen Probleme zu sehr vereinfacht werden.

Genau wie Jesus das von seinen Jüngern verlangt hat, als er sie auf einen ihrer ersten Missionseinsätze geschickt hat, so sollen auch wir immer unschuldig, aber niemals naiv sein.[242]

Wir müssen unterscheiden lernen zwischen dem, was falsch ist und dem, was einfach nur für unser Verständnis und unseren Erfahrungshorizont fremd ist.

Für Christen heißt das, die Gerechtigkeit aus Gottes Blickwinkel zu sehen. Wir sollen uns nicht in erster Linie auf menschliche Rechte, sondern auf biblisches Recht verlassen.

Zum Beispiel ist es für viele Europäer eine schlimme Vorstellung, nachts zum Schlafen kein Dach über dem Kopf zu haben. Aber in den tropischen Gegenden mancher Entwicklungsländer ist es im Freien in der Nacht am angenehmsten.

In solchen Fällen ist es an sich nichts Schlimmes, auf der Straße zu sein. Entscheidend ist vielmehr nur die Umgebung, in der das Kind sich befindet.

Vielleicht ist es also gar nicht so wichtig, daß man die Kinder nachts von den Straßen holt und ihnen einen Schlafplatz anbietet. Es könnte wichtiger sein, ihnen Schutz zu geben, während sie auf der Straße leben, sie vor Ausbeutung zu bewahren und sie materiell zu unterstützen.

Stefan Vanistendael ist der stellvertretende Generalsekretär des internationalen katholischen Kinderbüros. Durch diese Organisation wurden im Rahmen der Kirche Aktionen für Straßenkinder gestartet. Vanistendael stellt fest, daß von Straßenkindern oft als von einem »Problem« gesprochen wird.

Aber wo ist eigentlich, so fragt er, das wirkliche Problem?

»Man könnte auch sagen, daß Straßenkinder versuchen zu überleben, indem sie in einer schwierigen Situation besonders viel Intelligenz und Fähigkeiten einsetzen.«

»In den Augen mancher Menschen sind sie eine Plage, aber vielleicht sind für Straßenkinder auch Erwachsene eine Plage. Da sie Kinder sind, ist es schwierig, so zu tun, als ob sie für ihre Lage verantwortlich wären, während sie gleichzeitig gezwungen sind, um ihr Überleben zu kämpfen.«

»Ihre Existenz ist nichts weiter als ein Symptom der Krankheit. Aber sie selbst sind nicht die Krankheit.«[243]

Richtig wäre, alles zu tun, was jetzt möglich ist, um die Symptome zu lindern, während man gleichzeitig intensiv daran arbeitet, eine Therapie zu finden und die Krankheit zu heilen. Es ist wichtig, daß wir *jetzt* die Kinder auf den Straßen erreichen und gleichzeitig auch versuchen, die sozialen und wirtschaftlichen Probleme zu lösen, die dazu geführt haben, daß die Kinder auf der Straße sind.

Das Ganze wird nur langsam möglich sein. Länder, die unter einer Schuldenlast zu leiden haben und kein moralisches Grundverständnis haben, können nicht über Nacht neu aufgebaut werden.

Meist braucht es mehr als eine heiße Dusche und ein schnelles Gebet, um eine Kindheit wiederherzustellen, die nie existiert hat.

Aber es kann geschehen. Es geschieht bereits. Und es sollte geschehen.

Die letzten Worte gehören Oliver.

Sein Erbe war ihm zurückgegeben worden, und er reiste zu seinem neuen Heim. Da erinnerte er sich an einen kleinen Freund, den er vor langer Zeit zurücklassen mußte.

»›Oh Dick, mein lieber Dick, wenn ich dich nur jetzt gleich besuchen könnte!‹

›Du wirst ihn bald sehen‹, sagte Rosa; ›sollst ihm sagen, wie glücklich du geworden bist, und daß du gekommen bist, ihn abzuholen, um ihn an deinem Glück teilnehmen zu lassen.‹

›Ja, ja!‹ rief Oliver. ›Wir wollen ihn nach irgendeinem ruhigen Plätzchen auf dem Lande schicken, wo er gesund werden kann, nicht wahr? Er sagte zu mir: Gott segne dich! als ich weglief, und ich will ihm jetzt sagen: Gott segne auch dich, und ihm zeigen, wie ich ihn um dieses Segens willen liebe.‹«[244]

Möge es auch allen seinen Nachfolgern in allen Ländern der Welt bald so gehen – den *Scugnizzo* (Kreisel) in Italien, den *Pajaro Frutero* (Obstvögel) in Peru, den *Moustiques* (Stechmücken) aus Kamerun, den *Desechables* (Weggeworfene) aus Kolumbien, auch den *Moineaux* (Spatzen) aus Zaire, von denen in den Psalmen steht, daß sie einen Zufluchtsort in Gottes Nähe finden.[245]

Jesus hat seinen Jüngern gegenüber bekräftigt, daß er nicht eines von ihnen vergessen wird.[246]

»Wer wird die Kinder retten?«
von Randy Stonehill

Ich weine um der vielen Unschuldigen willen
Sie wurden in eine herzlose Welt geboren
Das Träumen haben sie nie gelernt
Ihre Hoffnung war am Anfang schon zerstört
Hilflose Fäuste in der Luft
Sagen wir: »Wenn Gott ein Gott der Liebe ist,
wieso läßt er das zu?«

Aber wir sind seine Hand
Wir sind seine Stimme
Es liegt an uns, wann wir gehen
Und wenn nicht jetzt, wann dann?
Wenn nicht du,
Wer soll dann die Kinder retten?
Wer soll dann die Kinder retten?

Wir zählen die Menge unsrer Segnungen
Doch wir vergessen, wie man gibt
Wir wollen an die Armen nicht denken
Die hungrig und ohne Schutz um ihr Leben kämpfen
Aber der Himmel sieht uns zu
Und im Herzen weißt du, was du tust.

Und wir sind seine Hand
Wir sind seine Stimme
Es liegt an uns, wann wir gehen
Und wenn nicht jetzt, wann dann?
Wenn nicht du,
Wer soll dann die Kinder retten?
Wer soll dann die Kinder retten?

Wir sehen sie am Bildschirm weinen
So fern und unecht scheinen sie
Doch ihre Wunden bluten wie bei uns
Und ihre Seelen fühlen so wie wir
Oh, rettet die Kinder
Rettet die Kinder.

Wir denken, dieser Not kann keiner helfen
Und hilflos strecken wir die Arme hoch
Doch die Gedanken sind bei ihnen
Auch wenn wir unser Herz dabei verlier'n.
Wir wollen hart sein, nicht dran denken
Doch Jesus selbst ging an das Kreuz
Und wenn es nur um eines Kindes willen war.

Und wir sind seine Hand
Wir sind seine Stimme
Jetzt muß es sein, die Zeit drängt
Wir haben keine Zeit mehr zu verlieren
Jetzt muß es sein
Niemand kann deine Arbeit für dich tun
Keiner kann es so wie du –
Die Kinder retten
Rettet die Kinder
Rettet die Kinder
Bitte, rettet die Kinder

Aus dem Album *Celebrate This Heartbeat* Word Inc. 1984. Text und Musik von Randy Stonehill. Mit Erlaubnis wiedergegeben.

ÜBER DEN AUTOR

Andy Butcher ist aufgrund seiner Arbeit für »Jugend mit einer Mission«, einer internationalen christlichen Organisation, häufig auf Reisen rund um die Welt. Er wurde 1957 geboren. Seit 1974 ist er professioneller Journalist für Tages- und Wochenzeitungen sowie für verschiedene Zeitschriftenverlage.

1989 begann er bei »Jugend mit einer Mission« als Presse- und Medien-Direktor im internationalen Kommunikationsbüro, das einen weltweiten Nachrichten- und Dokumentarservice für die christliche sowie für die säkulare Medienwelt anbietet. Bisher sind in über zwanzig Ländern Artikel von Andy Butcher veröffentlicht worden.

Er ist Autor von *Streetwise* sowie Co-Autor von *Living On The Devil's Doorstep*. Ferner wird er international an den Schulen von »Jugend mit einer Mission« als Dozent für Kommunikations- und Pressearbeit, Nachrichtenmedien sowie für schriftstellerisches Schreiben eingesetzt.

Andy Butcher ist mit Amanda verheiratet. Sie haben vier Kinder, wohnen in England und gehören der *New Malden* Baptistengemeinde in Surrey an.

In seiner Freizeit beschäftigt sich Andy Butcher gerne mit Lesen, Filme-Anschauen sowie Joggen und Gewichtstraining.

ANMERKUNGEN

Kapitel 2:

1 »Deklaration und Aktionsplan zum Überleben, zum Schutz und zur Entwicklung von Kindern in den neunziger Jahren« (*World Declaration on the Survival, Protection and Development of Children*), Vereinte Nationen, 1990

2 aus einem persönlichen Brief von **James Beanaux**, der unter Kindern arbeitet, 1991

3 aus einem Rundbrief von **Johan und Jeannette Lukasse**, die unter Kindern arbeiten, 1989

4 »Fallstudie junger Ausreißer« (*Young Runaways Case Study*), erstellt von der »Gesellschaft der Kinder« (*The Children's Society*), 1992

5 »Deklaration und Aktionsplan zum Überleben, zum Schutz und zur Entwicklung von Kindern in den neunziger Jahren« (*World Declaration on the Survival, Protection and Development of Children*), Vereinte Nationen, 1990

6 ebd.

7 ebd.

8 »Der Weltgipfel für Kinder« (*The Children's Summit*), Newsweek, 1.10.1990

9 Handlungsplan, um die »Deklaration und den Aktionsplan zum Überleben, zum Schutz und zur Entwicklung von Kindern in den neunziger Jahren« umzusetzen, Vereinte Nationen, 1990

10 »Der Weltgipfel für Kinder: Worte und Bilder« (*World Summit for Children: Words and Images*), UNICEF, 1990

11 »Gespräch in der Stadt« (*Talk of the Town*), Kommentar in der Zeitung »The New Yorker«, 29.6.1992

12 **Daniel McGrory**, »Sie erschießen Kinder, stimmt das?« (*They shoot children, don't they?*), The Daily Express, 18.5.1992

13 **Caroline Moorhead** (Hrsg.), »Verrat« (*Betrayal*), Doubleday, 1990

14 ebd.

15 »Die Rechte der Kinder brauchen internationalen Schutz« (*Children's Rights Need International Protection*), UN-Zentrum für Menschenrechte und UNICEF, 1991

16 ebd.

17 UNICEF »Informations-Paket zum Weltgipfel für Kinder« (*Information Kit for World Summit for Children*)

18 **Maxine Shideler**, »Die UN-Konvention über die Rechte des Kindes gibt dem Staat die totale Kontrolle über die Kinder« (*UN Convention on the Rights of the Child gives State ultimate control over children*), Colorado Christian News, März 1995

19 **Jasmine Birtles**, »Auf den Straßen Europas« (*On the streets of Europe*), Time and Tide, Zeitschrift, 1990

20 aus einem Bericht der Associated Press, Juni 1994

21 »Obdachlos in Moskau« (*Homeless in Moscow*), Pulse Zeitschrift, Evangelical Missions Information Service, September 1994

22 »Verlassene Kinder, die äußerste Randgruppe« (*Abandoned Children, the Most Marginalised*), Together, World Vision International Journal, Oktober–Dezember 1991

23 »Kinder in der Gosse« (*Children of the Gutter*), Newsweek, 1.5.1989

24 »children on the streets«

25 »children of the streets«

26 »street children«

27 »Kinder ohne Familien« (*Children Without Families*), »Fond zur Rettung von Kindern« (*Save the Children Fund*), 1988

28 »Verlassene Kinder, die äußerste Randgruppe« (*Abandoned Children, the Most Marginalised*), Together, World Vision International Journal, Oktober–Dezember 1991

29 *World Christian Encyclopaedia*

30 »Jährliche statistische Tabellen der Weltmission« (*Annual statistical table on global mission*), 1994, International Bulletin of Missionary Research, Januar–Februar 1994

31 ebd.

32 »International Planned Parenthood Federation«

33 »Städte der Kinder: Das Kind kann nicht warten ...« (*Cities of Children: The child cannot wait ...*), The Panos Institute, 1990

34 **Anuradha Vittachi**, »Gestohlene Kindheit« (*Stolen Childhood*), Polity Press, 1989

Kapitel 3:

35 Genesis 4

36 Genesis 4,12

37 **Judith Ennew und Brian Milne**, »Die nächste Generation: Schicksale der Kinder in der dritten Welt« (*The Next Generation: Lives of Third World children*), Zed Books, 1989

38 **John Boswell,** »Die Freundlichkeit der Fremden: Ausgesetzte Kinder im westlichen Europa von der späten Antike bis zur Renaissance« (*The Kindness of Strangers: The abandonment of children in Western Europe from late antiquity to the Renaissance*), Pantheon, 1988

39 ebd.

40 **C. John Sommerville**, »Aufstieg und Fall der Kindheit« (*The Rise and Fall of Childhood*), Vintage, 1990

41 **George Zabriskie Gray**, »Der Kinderkreuzzug: Eine historische Betrachtung« (*The Children's Crusade: A history*), 1870, wiederaufgelegt von William Morrow & Co, 1972

42 ebd.

43 »Lexikon der Probleme der Welt und der Ressourcen der Menschheit« (*Encyclopaedia of World Problems and Human Potential*), Union of International Associations, 1994

44 **Caroline Moorhead** (Hrsg.), »Verrat« (*Betrayal*), Doubleday, 1990, (siehe Fußnote 13, Kapitel 2)

45 **Norman Page**, »Ein Gefährte von Dickens« (*A Dickens Companion*), MacMillan Press, 1984

46 **Victor Hugo**, »Die Elenden« (*Les Misérables*)

47 »Gegen Kinder gerichteter Terror gewinnt Preise« (*Kids' horror is winning awards*), Beilage für Eltern in »Parentwise«, Oktober 1994

48 ebd.

49 **Robert H. Bremmer** (Hrsg.), »Kinder und Jugendliche in Amerika: Eine historische Dokumentation« (*Children and Youth in America: A documentary history*), Harvard University press, 1970

50 **Charles Loring Brace**, »Die beste Art, unsere armen, heimatlosen Kinder zu versorgen« (*The Best Method of Disposing of Our Pauper and Vagrant Children*), Wynkoop, Hallenback & Thomas, 1859

51 »Das Leben von Charles Loring Brace kurz erzählt durch seine eigenen Briefe« (*The Live of Charles Loring Brace Chiefly Told in His Own Letters*), herausgegeben von seiner Tochter, Charles Scribner & Sons, 1894

52 **A. E. Williams**, »Barnardo von Stepney« (Barnardo of Stepney), Guild Books, 1953

53 ebd.

54 **Eileen Simpson**, »Waisen – Wirklichkeit und Vorstellung« (*Orphans – Real and Imaginary*), Weidenfeld & Nicolson, 1987

55 **Judith Ennew und Brian Milne**, »Die nächste Generation: Schicksale der Kinder in der dritten Welt« (*The Next Generation: Lives of Third World children*), Zed Books, 1989

56 **Jo Boyden mit Pat Holden**, »Kinder der Städte« (*Children of the Cities*), Zed Books, 1991

57 **Judith Ennew und Brian Milne**, »Die nächste Generation: Schicksale der Kinder in der dritten Welt« (*The Next Generation: Lives of Third World children*), Zed Books, 1989

58 »*Independent Commission on International Humanitarian Issues*«

59 **Susanna Agnelli**, »Straßenkinder, die wachsende Tragödie der Städte«, Bericht für die unabhängige Kommission für internationale Menschenrechtsfragen (*Independent Commission on International Humanitarian Issues*), Weidenfeld & Nicolson, 1986

60 ebd.

Kapitel 4:

61 **Lewis Aptekar**, »Straßenkinder von Kali« (*Street Children of Kali*), Duke University Press, 1988

62 ebd.

63 ebd.

64 ebd.

65 »Kinder auf den Straßen Jakartas« (*Children on Jakarta's Streets*), Childhope, 1991

66 ebd.

67 »Auf den Straßen: Arbeitende Straßenkinder in Asunci6n« (*In the Streets: Working street children in Asuncion*), UNICEF, 1988

68 ebd.

69 »Die Lage der Straßenkinder in zehn Städten« (*The Situation of Street Children in Ten Cities*), Joint Department of Social Welfare, National Council of Social Development of the Philippines und UNICEF-Projekt 1988

70 Die Durchführung der ersten Konferenz der Straßenkinder aus der Metro in Manila« (*Proceedings of the First Metro Manila Street Children's Conference*), National Council of Social Development Foundation, 1990

71 **Ellen Switzer,** »Überall, bloß nicht hier«, (*Anyplace But Here*), Atheneum, 1992

72 **Patricia Connors und Dorianne Perrucci**, »Weggelaufene Kinder: wie sie versuchen, zu Hause und auf der Straße zurechtzukommen« (*Runaways: Coping at home and on the street*), Rosen Publishing, 1989

73 »Ein Handlungsaufruf« (*A call for action*), Pressebericht von der »Gesellschaft für Kinder« (The Children's Society), März 1992

74 **Mike Stein, Gwyther Rees und Nick Frost,** »Sie nehmen das Risiko auf sich: Junge Menschen heute auf den Straßen Großbritanniens« (*Running the Risk: Young people on the streets of Britain today*), »Die Gesellschaft für Kinder« (The Children's Society), 1994

75 Interview mit Angela Neustatter: »Mit einem Fuß in der Gosse« (*With one foot in the gutter*), The Guardian, 16.12.1987

76 **Jo Boyden mit Pat Holden**, »Kinder der Städte« (Children of the Cities), Zed Books, 1991

77 »Hoffnung eines Kindes« (*Childhope*), »englische Broschüre« (*UK pamphlet*), 1991

Kapitel 5:

78 Jubilee Action, Rundbrief 19, Jubilee Campaign, 1990

79 Associated Press Report, 24.7.1993

80 Jubilee Action, Rundbrief 19, Jubilee Campaign, 1990

81 »Gewalt gegen Kinder und Jugendliche in Brasilien – Trends und Perspektiven« (*Violence Against Children and Adolescents in Brazil – Trends and perspectives*), inoffizielle Übersetzung durch die »Nationale Kommission zur Bekämpfung von Gewalt gegen Kinder und Jugendliche« (*National Commission to combat Violence Against Children and Adolescents*), Ministry of Justice, Human Rights Commission, 1992

82 »Die Morde an Kindern und Jugendlichen in Brasilien« (*The Killing of Children and Adolescents in Brazil*), ein Bericht des »Zentrums zur Mobilisierung von Randgruppen« (*Centre for the Mobilisation of Marginalised Populations*), 1988

83 **Gilberto Dimenstein**, »Brasilien: Krieg gegen Kinder« (*Brazil: War on children*), Latin America Bureau, 1991

84 »Weltbericht« (World Report), »Menschenrechtskontrolle« (*Human Rights Watch*), 1990

85 **Gilberto Dimenstein**, »Brasilien: Krieg gegen Kinder« (*Brazil: War on children*), Latin America Bureau, 1991

86 ebd.

87 **Daniel McGrory** »Sie erschießen Kinder, stimmt das?« (*They shoot children, don't they?*), The Daily Express, 18.5.1992

88 »Straßenkinder, Bericht über Guatemala und Brasilien« (*Street Children: Guatemala and Brazil report*), Jubilee Campaign, 1992

89 ebd.

90 **Caroline Moorhead**, »Folter und Gefängnis für Jungen in Guatemala« (*Torture and jail for boys in Guatemala*), The Independent, Oktober 1990

91 Guatemala: »Die aktuellen Bedenken zu Fragen der Menschenrechte von Amnesty International« (*Guatemala: Amnesty International's current human rights concerns*), Amnesty International, 1991

92 **Timothy Ross**, »Kinder eines geringeren Gottes?« (*Children of a lesser god?*), BBC Worldwide, Dezember 1993

93 ebd.

94 »Rundbrief der ›Jubilee Action‹« (*Jubilee Action news release*), 5.10.1994

95 »Straßenkinder in Kolumbien« (*Street Children in Colombia*), ein Bericht von Jubilee Action, 1994

96 *Philippines Campaign Press Conference*, Jubilee Campaign, 1992

97 »Kolumbien – großangelegte Bemühungen zeigen erste Erfolge« (*Colombia – crusading efforts bring signs of progress*), Aidswatch, Panoscope, 1990

98 **Marguerite Michaels**, »Die Kinder in Rios Sackgassen« (Rio's dead end kids), Time magazine, 9. August 1993

99 **Gilberto Dimenstein**, »Brasilien: Krieg gegen Kinder« (*Brazil: War on children*), Latin America Bureau, 1991

100 ebd.

101 **Caroline Moorhead** (Hrsg.), »Verrat« (*Betrayal*), Doubleday, 1990

102 **Gilberto Dimenstein**, »Brasilien: Krieg gegen Kinder« (*Brazil: War on children*), Latin America Bureau, 1991

103 **Marilyn Rocky**, »Wessen Kind war das?« (*Whose Child Was This?*), Childhope USA, 1991

104 »Straßenkinder, Bericht über Guatemala und Brasilien« (*Street Children: Guatemala and Brazil report*), Jubilee Campaign, 1992

105 Frontline: »Kinder der Nacht« (*Children of the night*), WGBH Educational Foundation, 1989

Kapitel 6:

106 »Die Straßenmädchen in der Hauptstadt Manila: Verwundbare Opfer eines leisen Krieges« (*The Street Girls of Metro Manila: Vulnerable victims of today's silent wars*), Childhope, 1989

107 ebd.

108 »Die Lage der Straßenkinder in zehn Städten« (The Situation of Street Children in Ten Cities), Joint Department of Social Welfare, National Council of Social Development of the Philippines und UNICEF-Projekt 1988

109 ebd.

110 »End Child Prostitution in Asian Tourism«

111 **Ron O'Grady**, »Kinder der Welt: Eine internationale Kampagne gegen Sextourismus« (*Children Worldwide: An international campaign against sex tourism*), International Catholic Child Bureau, 1992

112 **Cristina Szanton Blanc** (hrsg.), »Stadtkinder in Not« (Urban Children in Distress), UNICEF, 1994

113 **Ron O'Grady**, »Das Kind und der Tourist« (*The Child and the Tourist*), ECPAT, 1992

114 »Straßenkinder auf den Philippinen« (*Street Children in the Philippines*), ein Bericht von Jubilee Campaign, 1992

115 ebd.

116 **Peter Lee Wright**, »Kinder-Sklaverei« (Child-Slaves), Earthscan Publications, 1990

117 Schwester **Mary Rose McGeady**, »Werde ich in den Himmel kommen?« (*Am I Going to Heaven?*), Covenant House, 1994

118 »Aids: Eine zunehmende Bedrohung für Straßenkinder« (*Aids: A growing threat to street children*), Childhope, Oktober 1990

119 **Daniel McGrory** »Sie erschießen Kinder, stimmt das?« (They shoot children, don't they?), The Daily Express, 18.5.1992

120 Persönlicher Rundbrief von **Johan und Jeannette Lukasse**, Dez. 1992

121 Aus dem Kapitel »Arbeitende Kinder beschützen« (*Protecting Working Children*), herausgegeben von **William E. Myers**, Zed Books, 1991

122 ebd.

123 »Kinder auf den Straßen Jakartas« (*Children on Jakarta's Streets*), Childhope, 1991
124 **Charles Sow**, »Senegal's talibes: Betteln für Allah oder aus Gier?« (*Senegal's talibes: Begging for God or greed?*), Together, April – Juni 1994
125 ebd.
126 »Institut für psychologische und pädagogische Forschung, Projekt Kinderarbeit, ein kurzer Bericht« (*Institute of Psychological and Educational Research Project on Child Labour: a brief report*)
127 »Handel mit Kindern zum Adoptieren« (*Trafficking in Children for Adoption*), ein Kapitel aus dem Buch von **Caroline Moorhead** (Hrsg.), »Verrat« (Betrayal), Doubleday, 1990
128 IDEA, Zeitschrift der Evangelischen Allianz in England, 1993
129 ebd.

Kapitel 7:

130 *Evangelical Foreign Missions Associaton* (EFMA)
131 persönliches Interview, Colorado Springs, USA, September 1992
132 »Die Straßenkinder in aller Welt müssen mit dem Evangelium von Jesus Christus erreicht werden« (*The world's street children need to be reached with the gospel of Jesus Christ*), City Watch, 1993
133 **John R. Cheyne**, »Straßenkinder, das neue Missionsgebiet« (*Street Children: A new frontier*), The Commission, Foreign Mission Board of Southern Baptist Convention, April 1993
134 **Wesley Stafford**, »Kinder zu einem Thema des Missionsbefehls machen« (*Making children matter in the Great Commission*), aus der Zeitschrift Compassion, Herbst 1994
135 **Bryant L. Myers**, »Lage der Kinder der Welt: Wichtige Herausforderung an die christliche Mission« (*State of the World's Children: Critical challenge to Christian mission*), International Bulletin of Missionary Research, Juli 1994
136 Gal 3,28
137 »Die Rehabilitation von Straßenkindern: Fallstudie aus Manila« (*The rehabilitation of street children: case studies from Manila*), City Watch, Institute of Global Urban Studies, Herbst 1993
138 »Probleme der Arbeiter unter Straßenkindern« (Hindrances to street kid workers), City Watch – Asia, Institute of Global Urban Studies, 1992

Kapitel 8:

139 Persönliches Interview, Amsterdam, 1991
140 »Eineinhalb Millionen als Antwort auf Gebet: Autobiographie von **George Müller**« (*A Million and a Half in Answer to Prayer: Autobiography of George Müller*), J. Nesbit & Co, 1914

141 ebd.
142 **Dr. A. T. Pierson**, »George Muller von Bristol« (*George Muller of Bristol*), Pickering & Inglis, 1949
143 »Eineinhalb Millionen als Antwort auf Gebet: Autobiographie von **George Müller**« (A Million and a Half in Answer to Prayer: Autobiography of George Müller), J. Nesbit & Co, 1914
144 **A. E. Williams**, »Barnardo von Stepney« (Barnardo of Stepney), Guild Books, 1953
145 ebd.
146 **John Woodbridge** (hrsg.), »Mehr als Eroberer« (*More Than Conquerors*), Moody Press, 1993
147 ebd.
148 **Richard Collier**, »Der General an Gottes Seite« (*The General next to God*), Collins, 1965
149 »Das Leben von Charles Loring Brace, kurz erzählt durch seine eigenen Briefe« (*The Live of Charles Loring Brace Chiefly Told in His Own Letters*), herausgegeben von seiner Tochter, Charles Scribner & Sons, 1894
150 ebd.
151 **Marilyn Holt**, »Die Waisenzüge« (*The Orphan Trains*), University of Michigan, 1992
152 **Louis de Wohl**, »Auf einen Fels gegründet: die Geschichte der katholischen Kirche« (*Founded on a Rock: A history of the Catholic Church*), Lippincott, 1961
153 **Ronda De Sola Chervin**, »Heilige, die man zitieren kann« (*Quotable Saints*), Servant Publications, 1992
154 **David L. Edwards**, »Christliches England« (*Christian England*), überarbeitete Ausgabe, Fount, 1988
155 *Church of England Children's Society*
156 *Christian Missionary Alliance*
157 **Ruth Tucker und Walter Liedefeld**, »Töchter der Kirche« (*Daughters of the Church*), Academic Books, 1987
158 **Monica Whiting**, »Wissen, wann die Arbeit getan ist« (*Knowing when your work is done*), aus der Zeitschrift Compassion, September/Oktober 1993
159 **Diana Garland**, »Kostbar in seinen Augen: Ein Leitfaden für Kinderfürsprecher« (*Precious in His Sight: A guide to child advocacy*), New Hope, 1993
160 ebd.

Kapitel 9:

161 Mt 18,1
162 Mt 20,20-27; Mk 10,35-45
163 Joh 12,49-50; Joh 5,19

164 Mt 18,3
165 Mt 18,5-6
166 **C. John Sommerville**, »Aufstieg und Fall der Kindheit« (*The Rise and Fall of Childhood*), Vintage, 1990
167 ebd.
168 Mt 18,10
169 ebd.
170 Ps 91,11
171 Lk 15,1-7
172 Mt 18,14
173 Mt 22,1-14; Lk 14,15-24
174 Mk 10,14
175 ebd.
176 Mk 10,16
177 Lk 4,18-21
178 Mk 14,7
179 ebd.
180 Deut 15,4-5
181 Jak 1,27
182 Mt 5,17
183 Ex 22,21-23
184 Deut 10,18
185 Deut 24,19-21
186 Deut 26,12
187 Deut 27,19
188 Ijob 29,11-12 und 16
189 Ijob 1,8
190 Ijob 31,16-23
191 Ps 10,14 und 18
192 Ps 68,6
193 Ps 94,6-7
194 Ps 146,7 und 9
195 Gen 18,20
196 Ez 16,49
197 Ez 16,50
198 Jes 1,5
199 Jes 1,16-17
200 Jer 5,28
201 Jer 7,6-7
202 Mk 16,1
203 Kol 1,27-28

204 »Die Straßenkinder in aller Welt müssen mit dem Evangelium von Jesus Christus erreicht werden« (*The world's street children need to be reached with the gospel of Jesus Christ*), City Watch, 1993
205 **Bryant L. Myers**, »Lage der Kinder der Welt: Kritische Herausforderung an die christliche Mission« (*State of the World's Children: Critical challenge to Christian mission*), International Bulletin of Missionary Research, Juli 1994
206 »Die Rehabilitation von Straßenkindern: Fallstudie aus Manila« (*The rehabilitation of street children: case studies from Manila*), City Watch, Institute of Global Urban Studies, Herbst 1993
207 ebd.

Kapitel 10:

208 *Halfway Houses*
209 **Gordon Aeschliman**, »Weltweite Tendenzen« (*Global Trends*), IVP, 1990
210 *Children of the Andes Foundation*
211 **Gustavo Gorritt**, »Retter der Straßenkinder« (*Saviour of the street children*), Readers Digest, Juni 1992
212 *Future Hope*
213 »Pornographie: Verbrechen ohne Opfer?« (*Pornography: A victimless crime?*), aus der Zeitschrift World, Januar 1994
214 »Ehemaliger Pornostar schlägt zurück« (*Former porn star fighting back*), Movieguide, Mai 1994
215 »Consortium for Street Children umbrella group«
216 **Nat Belz und Michael Cromartie**, »Dieses eine tue ich« (*This one thing I do*), aus der Zeitschrift World, Dezember 1993

Kapitel 11:

217 »Ein Straßenjunge, der es geschafft hat« (*A street kid who made it*), aus City Watch, Institute of Global Urban Studies, Herbst 1994
218 ebd.
219 »Die Rehabilitation von Straßenkindern: Fallstudie aus Manila« (*The rehabilitation of street children: case studies from Manila*), City Watch, Institute of Global Urban Studies, Herbst 1993
220 ebd.
221 ACTION »Straßenkinder – Rundbrief« (*Street Children newsletter*), 1992

Kapitel 12:

222 **Charles Dickens**, Oliver Twist, Kapitel 22
223 ebd.
224 ebd.
225 **Angus Wilson** in der Einleitung zu »Oliver Twist«, herausgegeben von Peter Fairclough, aus der Reihe »Penguin Classic«, 1985

226 ebd.
227 ebd.
228 **Antoinette Galbraith,** *Streetwise, Women Alive!*, September 1994
229 **Jenny Taylor**, »Der Glaube der Bettler« (*Beggars belief*), aus der Zeitschrift 21CC, August 1989
230 **Patrick McDonald**, »Straßenkinder in den lateinamerikanischen Ländern« (*Street Kids in the Latin Americas*), Viva Foundation, 1993
231 Der Bericht über die Erforschung der Straßenkinder in bestimmten Gegenden des Großraumes Manila, ACTION International Ministries, 1992
232 ebd.
233 »Forschungsbericht der Heime einer Provinz« (*Provincial home Study Report*), ACTION International Ministries, 1992
234 **Bryant L. Myers**, »Lage der Kinder der Welt: Wichtige Herausforderung an die christliche Mission« (*State of the World's Children: Critical challenge to Christian mission*), International Bulletin of Missionary Research, Juli 1994
235 **Roger Greenaway** (hrsg.), »Die Stadt zu Jüngern machen« (*Discipling the City*), Baker Books, 1992
236 **Dean Sherman**, »Geistliche Kampfführung für jeden Christen« (*Spiritual Warfare for Every Christian*), Jugend mit einer Mission, 1990
237 Gen 3,15
238 **Dean Sherman**, »Geistliche Kriegsführung für jeden Christen« (Spiritual Warfare for Every Christian), Jugend mit einer Mission, 1990
239 **Winkie Pratney**, »Der Teufel nimmt sich die Jüngsten: Der Krieg gegen Kinder« (*Devil Take the Youngest: The war on childhood*), Huntington House, 1985

Nachwort

240 ebd.
241 nach der englischen Bibelübersetzung: Holy Bible, New International Version, © 1973, 1978, 1984 by International Bible Society
242 Mt 10,16
243 **Stefan Vanistendael**, »Straßenkinder: Eine Übersicht« (*Street Children: An overview*), International Catholic Child Bureau, 1990
244 Oliver Twist, 34. Kapitel, S. 273-274
245 Ps 84,4
246 Lk 12,6

Manila HELP News

Die CMC (Christian Missionary Community) ist ein philippinischer Missionszweig der FCJG.

HELP INTERNATIONAL e.V.

→ EXTRA EDITION

Die Cubao 'Barkada'

Umgeben von Kakerlaken, Schmutz und äußerst unangenehmen Gerüchen knieten wir bei einer Gruppe von Straßenkindern und streckten betend unsere Hände über ihnen aus.

Lange sind wir nun schon allwöchentlich abends betend durch die Straßen Cubaos gegangen und haben viele Menschen und ihre Nöte kennengelernt.

Aber als wir vor einiger Zeit eine "Barkada" (Clique) von Straßenteenagern in einer dunklen Ecke Cubaos trafen, wußten wir in unseren Herzen:

Hier möchte Gott uns haben! Für diese Teenager schlägt Sein Herz! An diesen Platz würde Jesus heute gehen!

Manchmal sind über 20 Jungs und auch einige Mädchen dort versammelt. Die meisten kommen aus zerbrochenen Familien und sind irgendwann von zu Hause weggelaufen.

Gott sieht die Einzelnen!

Rey, 21 Jahre alt und einer der Älteren, ist vor 11 Jahren weg von zu Hause. Zwischendurch war er in einem Kinderheim, von wo er aber, zusammen mit seinem Freund Jimmy, wieder abgehauen ist. Seitdem lebt er auf der Straße.

Die meisten von ihnen schnüffeln Klebstoff, um irgendwie der harten Realität zu entfliehen. Nachts schlafen sie, dicht aneinandergedrängt, in einer schmutzigen Lagerhauseinfahrt. Wenn jemand krank wird, wird er von den anderen versorgt.

Jeden Donnerstagabend gehen wir nun an diesen Platz, um unsere neuen Freunde zu besuchen. Alle freuen sich sehr, wenn wir kommen, nicht nur weil wir ihnen Brote und Süssigkeiten bringen. Sie merken, daß wir an ihnen interessiert sind. So erfahren wir, wie wichtig es ist Beziehung zu den einzelnen zu bauen, ihnen zuzuhören, einfach ihre Freunde zu werden. Dabei können wir oft über Jesus sprechen, was Er für unser Leben bedeutet und wie sehr Er sie alle liebt.

Wenn Sie mehr Informationen über diesen Dienst möchten oder die Arbeit von CMC-Manila unterstützen wollen, wenden Sie sich an:

CMC-Manila,
P.O. Box 150, Q-Plaza
1900 Cainta, Rizal
Philippines
oder:
HELP International e.V.,
Altenaer Str. 45,
D-58507 Lüdenscheid

Bankverbindung: HELP International e.V. Kennwort: Kinderarbeit Manila, Deutsche Bank Lüdenscheid, BLZ: 450 700 02, Kto. Nr. 26 26 5 02

Wenn doch alle Menschen gleich sind, wa~~h~~rum  sterben dann in den Entwicklungsländern mehr Mädchen als Jungen?

In Entwicklungsländern haben Mädchen wenig Chancen. Schon in ihren Familien werden sie gegenüber ihren Brüdern stark benachteiligt. Sie bekommen weniger zu essen, erhalten schlechtere ärztliche Versorgung und dürfen häufig nicht zur Schule gehen. Bis zum Alter von 5 Jahren ist ihre Sterblichkeitsrate 3x höher als bei Jungen. UNICEF bekämpft die Apartheid der Geschlechter und setzt sich gezielt für Mädchen ein. Sie werden medizinisch versorgt und sozial gefördert. Helfen Sie mit: **Spendenkonto 300 000 bei allen Banken, Sparkassen und bei der Postbank Köln.**

unicef

Kinderhilfswerk der Vereinten Nationen